Athanase ZOGO

JESUS, SAUVEUR DE L'HUMANITE :

Athanase ZOGO

JESUS, SAUVEUR DE L'HUMANITE :

LE MINISTERE

Éditions Croix du Salut

Imprint
Any brand names and product names mentioned in this book are subject to trademark, brand or patent protection and are trademarks or registered trademarks of their respective holders. The use of brand names, product names, common names, trade names, product descriptions etc. even without a particular marking in this work is in no way to be construed to mean that such names may be regarded as unrestricted in respect of trademark and brand protection legislation and could thus be used by anyone.

Cover image: www.ingimage.com

Publisher:
Éditions Croix du Salut
is a trademark of
Dodo Books Indian Ocean Ltd. and OmniScriptum S.R.L publishing group

120 High Road, East Finchley, London, N2 9ED, United Kingdom
Str. Armeneasca 28/1, office 1, Chisinau MD-2012, Republic of Moldova, Europe
Printed at: see last page
ISBN: 978-620-6-17101-0

JESUS, SAUVEUR DE L'HUMANITE :

LE MINISTERE.

Athanase ZOGO

JERUSALEM MISSION EVANGELIQUE (JME)

Ensemble, prosternons-nous et invoquons le Tout Puissant Seigneur Jésus Christ afin qu'il prête attention à notre supplication et qu'il daigne nous faire grâce en toutes circonstances, qu'il nous accorde son pardon et que, nous voyant toujours comme ses enfants sujets à égarement mais qui savent pertinemment que leur salut se trouve en Lui, « le chemin, la vérité et la vie » (Jean 14, 6).

Prions :

Je crois en seul Dieu, le Père Tout-Puissant, créateur du ciel et de la terre, de l'univers visible et invisible. Je crois en un seul Seigneur, Jésus Christ, le Fils unique de Dieu, né du Père avant tous les siècles : il est Dieu, né de Dieu, lumière, née de la lumière, vrai Dieu, né du vrai Dieu, engendré, non pas créé, de même nature que le Père ; et par lui tout a été fait. Pour nous les hommes, et pour notre salut, il descendit du ciel ; par l'Esprit Saint, il a pris chair de la Vierge Marie, et s'est fait homme. Crucifié pour nous sous Ponce Pilate, il souffrit sa passion et fut mis au tombeau. Il ressuscita le troisième jour, conformément aux Ecritures, et il monta au ciel ; il est assis à la droite du Père. Il reviendra dans la gloire, pour juger les vivants et les morts ; et son règne n'aura pas de fin. Je crois en l'Esprit Saint, qui est Seigneur et qui donne la vie ; il procède du Père et du Fils ; avec le Père et le Fils, il reçoit même adoration et même gloire ; il a parlé par les prophètes. Je crois en l'Eglise, une, sainte, chrétienne, issue de l'attachement à Jésus Christ. Je reconnais un seul baptême pour le pardon des péchés : par les eaux et/ou par le Saint-Esprit. J'attends la résurrection des morts, et la vie du monde à venir.

O Jésus, Fils de Dieu Sauveur, aie pitié de nous pécheur. Seigneur, nous voici pour faire ce qui te plait. Notre nourriture, c'est ta Volonté. Roi d'amour, Nous avons confiance en toi. Bien-aimé, nous sommes tout à toi et toi, tu es tout à nous. Âme de notre âme, que nous perdions tout, mais que nous ne te perdions pas. Nous avons confiance en ta miséricordieuse bonté. Nous voulons nous abandonner entièrement à ta Providence.

O Jésus, tu es notre grand Ami, toujours là. Tu es tout pour nous sur la terre, tu es notre espérance après la mort. Tu le sais, notre seul amour, c'est toi. Tu es le Roi de nos cœurs. Puisses-tu devenir le Roi de tous les cœurs ! Que ton Règne vienne ! Tu es notre Chemin, notre Vérité et notre Vie. Tu es notre Sauveur, notre Seigneur et notre Dieu. Il n'y a pas d'autre Lumière que toi. Tu es l'alpha et l'oméga de tout amour. Tu es notre Eau vive.

O Jésus, doux et humble de cœur, rends notre cœur semblable au tien. Nous voulons tout vivre avec toi et pour toi. Nous ne sommes rien, mais toi tu es tout. Nous ne savons rien, mais toi tu sais tout. Nous ne pouvons rien, mais toi tu peux tout. Nous désirons le Ciel parce que tu y es. Sans toi, rien ne nous intéresse plus sur la terre. Tu es la Force de notre Corps et de nos corps. Tu es la Lumière de notre esprit, l'Epoux de nos âmes. Tu es la Providence des petits, le Secours des affligés, le Frère des hommes, tu es le Roi du monde.

O Jésus, Fais-nous mieux connaître ta Mère, cette femme choisie par Dieu le Père pour accomplir cette mission noble et extraordinaire de porter en son sein et de donner vie au Sauveur de l'humanité. Père très bon, nous t'offrons Jésus vivant dans nos vies, Jésus mourant dans notre mort, nous t'offrons le cœur de Jésus dans tous les battements de nos cœurs. Notre Père, nous remettons nos âmes vivantes entre tes mains. Nous savons que tu n'es pas miséricordieux, tu es la Miséricorde même.

Comme nous t'espérons !

Tu es Jésus (Luc 2, 21), le fils d'Abraham (Matthieu 1, 1), le lion de Juda (Apocalypse 5, 5), le fils de Jéssé (Romains 15, 12), le fils de David (Luc 1, 27), le fils de Joseph (Matthieu 13, 55), le fils du charpentier (Matthieu 13, 55), le fils de Marie (Marc 6, 3), le fils de la Loi (Romains 10, 4).

Tu es le Galiléen (Matthieu 26, 69), le Nazarénien (Marc 1, 24), le Nazôréen (Mathhieu 2, 23). Tu es Quelqu'un (Apocalypse 4, 2), l'Homme (Jean 19, 5), le Fils de l'homme (Matthieu 26, 64), le Frère des hommes (Romains 8, 29), Rabbouni (Jean 20, 16), le Serviteur des circoncis (Romains 15, 8), plus grand que Jonas (Luc 11, 32), plus grand que Salomon (Matthieu 12, 42), Celui dont Moïse a écrit (Jean 5, 46), Celui qui devait venir (Matthieu 11, 3), l'Espérance d'Israël (Actes 28, 20), l'Envoyé (Jean 17, 3).

Tu es l'Apôtre (Hébreux 3, 1), le Prophète (Jean 6, 14), le Bon Pasteur (Jean 10, 11), la Bonne Nouvelle (Actes 8, 35), la Grande Joie (Luc 2, 10), l'Etoile du matin (Apocalypse 2, 28), le Soleil Levant (Luc 1, 78), l'Astre de nos cœurs (2 Pierre 1, 19), l'Emmanuel (Matthieu 1, 23), le Messie (Jean 1, 42), le Christ (Matthieu 16, 16), le Christ roi (Luc 23, 2), le Christ du Seigneur (Luc 2, 26), le Christ de Dieu (Luc 9, 20).

Tu es le Maître (Matthieu 19, 16), notre seul Maître (Jude 4), notre Docteur (Matthieu 23, 10), la Tête (Ephésien 1, 22), la Pierre angulaire (Matthieu 21, 42), le Chef (Hébreux 2, 10), le Chef des pasteurs (1 Pierre 5, 4), le Chef du salut (Hébreux 2, 10), le Chef de la vie (Actes 3, 15), le Chef de notre foi (Hébreux 12, 2).

Tu es le Roi (Luc 19, 38), le Roi des Juifs (Matthieu 27, 37), le Roi des nations (Apocalypse 15, 3), le Souverain des rois (Apocalypse 1, 5), le Roi des rois (Apocalypse 19, 16).

Tu es Prêtre (Hébreux 5, 6), le Grand Prêtre (Hébreux 3, 1), le Médiateur (1 Timothée 2, 5), le Chemin (jean 14, 6), la Porte (Jean 10, 7), le Temple (Matthieu 26, 61), le Juge (Actes 10, 42), le Témoin (Apocalypse 1, 5), le Défenseur (Jean 14, 16), l'Avocat (Jean 14, 16), le Véridique (Apocalypse 19, 11).

Tu es le Pain de vie (Jean 6, 35), la Vigne (Jean 15, 1), le Rocher (1 Corinthiens 10, 4), la Source de vie (Apocalypse 21, 6), le Flambeau (Apocalypse 21, 23), le

Juste (Actes 3, 14), le Saint (Actes 3, 14), le Sanctificateur (Hébreux 2, 11), la Sanctification (1 Corinthiens 1, 30).

Tu es le Signe de contradiction (Luc 2, 34), la Pierre d'achoppement (Romains 9, 32), le Scandale pour les Juifs (1 Corinthiens 1, 23), la folie pour les païens (1 Corinthiens 1, 23), la folie de Dieu (1 Corinthiens 1 25).

Tu es le saint Serviteur (Actes 4, 27), l'Obéissant jusqu'à la mort (Philippiens 2, 8), l'Amen (Apocalypse 3, 14), la Victime pour nos péchés (1 Jean 2, 2), la Brebis conduite à la boucherie (Actes 8, 32), l'Agneau égorgé (Apocalypse 5, 12), l'Agneau de Dieu (Jean 1, 29), notre Pâque (1 Corinthiens 5, 7), le Crucifié (Matthieu 28, 5).

Tu es le Sauveur (Luc 2, 11), le Sauveur du monde (1 Jean 4, 14), le Réconciliateur de tous les êtres (Colossiens 1, 20), la Rédemption (1 Corinthiens 1, 30), le Ressuscité (1 Thessaloniciens 1, 10), le Premier-né d'entre les morts (Colossiens 1, 18), le Vivant (Apocalypse 1, 18), le second Adam (1 Corinthiens 15, 45), le Premier-né de toute créature (Colossiens 1, 15).

Tu es l'Héritier de toutes choses (Hébreux 1, 2), le Fils unique (Jean 1, 18), le Fils bien-aimé (2 Pierre 1, 17), le Fils du Très-Haut (Luc 1, 32), le Fils du Béni (Marc 14, 61), le Fils de Dieu (Hébreux 4, 14), l'Engendré de Dieu (1 Jean 5, 18), le Fils du Père (2 Jean 3).

Tu es Seigneur (Actes 2, 36), le Seigneur (Philippiens 2, 11), notre Seigneur (Jean 20, 28 ; 2 Pierre 1, 2), notre Seigneur Jésus (Actes 20, 21), notre Seigneur Jésus Christ (Actes 15, 26), le Christ Seigneur (Luc 2, 11), le Christ glorieux (jean 19, 35), le Seigneur des morts et des vivants (Romains 14, 9).

Tu es le Seigneur de la paix (2 Thimothée 3, 16), le Seigneur de la Gloire (1 Corinthiens 2, 8), le Seigneur de Seigneurs (Apocalypse 17, 14), la Sagesse de Dieu (1 Corinthiens 1, 24), la Puissance de Dieu (1 Corinthiens 1, 24), l'Image du Dieu invisible (Hébreux 1, 3), le Resplendissement de sa Gloire (Hébreux 1, 13).

Tu es l'Icône de la divine Substance (Hébreux 1, 3), le Principe (Colossiens 1, 18), le Principe de la création de Dieu (Apocalypse 3, 14), le Principe du salut éternel (Hébreux 5, 9), le Porteur de l'univers (Hébreux 1, 3).

Tu es le Commencement et la Fin (Apocalypse 22, 13), le Premier et le Dernier (Apocalypse 22, 13), l'Alpha et l'Oméga (Apocalypse 22, 13), le Verbe de Dieu (Apocalypse 19, 13), le verbe de vie (1 Jean 1, 1), le Saint de Dieu (Marc 1, 24), le Maître de tout (Apocalypse 1, 8), le Seigneur Dieu (Apocalypse 1, 8), le Nom au-dessus de tout nom (Philippiens 2, 9).

Tu es « Je Suis » (Jean 8, 24), Dieu lui-même (Jean 1, 1), notre Dieu (Jean 20, 28), la Résurrection (Jean 11, 25), la Vie (Jean 14, 4), la Vie éternelle (1 Jean 1, 2), la Lumière (Jean 1, 9), la Paix (Ephésiens 2, 14), la Vérité (Jean 14, 6), la Révélation du Mystère (Romains 16, 25).

Tu es l'Ami (Jean 15, 15), le Bien-Aimé (Ephésiens 1, 6), le Fidèle (Apocalypse 19, 11), … Tu es l'Epoux (Matthieu 9, 15). Amen !

SOMMAIRE

INTRODUCTION

L'histoire de Jésus-Christ est au cœur de la foi chrétienne et constitue le fondement de la relation entre Dieu et l'humanité. Jésus, considéré par des millions de personnes comme le Sauveur, incarne l'amour, la compassion et la rédemption. Sa vie, ses enseignements, sa mort et sa résurrection révèlent non seulement son identité divine, mais aussi son désir profond de restaurer l'humanité en détresse.

Depuis les temps anciens, l'humanité a cherché un sens à son existence, un chemin vers la paix et la réconciliation avec le Créateur. La Bible présente Jésus comme la réponse à cette quête, le Messie promis qui vient non seulement pour sauver les individus, mais aussi pour restaurer toute la création. Son message transcende les barrières culturelles et temporelles, offrant une espérance universelle à tous ceux qui se tournent vers lui.

Ce livre explore les différentes dimensions du ministère de Jésus, de son annonce à sa résurrection, en passant par ses miracles, ses enseignements et son héritage. À travers chaque chapitre, nous découvrons comment Jésus, en tant que Sauveur, transforme des vies, guérit des cœurs brisés et offre une nouvelle vie à tous ceux qui acceptent son appel.

En plongeant dans la vie de Jésus, nous sommes invités à réfléchir à notre propre foi, à notre rapport à Dieu et à notre rôle dans la continuité de son œuvre. Que ce voyage à travers la vie de Jésus nous inspire à vivre avec foi, espoir et amour, tout en proclamant le message de rédemption qu'il a laissé à l'humanité.

L'histoire de Jésus-Christ, souvent considérée comme l'un des événements les plus significatifs de l'humanité, commence bien avant sa naissance. L'Ancien Testament regorge de prophéties et d'indices qui annoncent l'arrivée d'un Sauveur. Au moment de la naissance de Jésus, le peuple juif est sous domination romaine. Les attentes messianiques sont élevées, car les Juifs espèrent un libérateur qui viendra les délivrer de l'oppression et restaurer le royaume d'Israël. Les Écritures hébraïques parlent d'un Messie, un roi issu de la lignée de David, qui instaurera la paix et la justice.

Les prophètes de l'Ancien Testament, tels qu'Isaïe, Michée et Jérémie, annoncent des signes spécifiques de la venue du Messie. Par exemple :

- **Esaïe 7, 14** : « Voici, la vierge concevra et enfantera un fils, et on lui donnera le nom d'Emmanuel. »
- **Michée 5, 2** : « Mais toi, Bethléhem, Ephrata, tu es petite parmi les milliers de Juda, c'est de toi que sortira pour moi celui qui doit être souverain en Israël. »

Ces passages ne sont pas seulement des promesses, mais aussi des appels à l'espérance pour un peuple en quête de rédemption.

À travers les âges, le peuple juif a interprété ces prophéties de diverses manières. Certains voyaient en elles une promesse de victoire militaire, tandis que d'autres comprenaient la nécessité d'une transformation spirituelle. Cette diversité d'interprétations témoigne des attentes variées au sein de la communauté juive.

L'Annonce de la venue de Jésus est culminée par l'Annonciation, lorsque l'ange Gabriel apparaît à Marie. Dans Luc 1, 26 - 38, il lui révèle qu'elle concevra par le

Saint-Esprit et qu'elle mettra au monde le Fils de Dieu. Ce moment est crucial, car il montre que la promesse de Dieu se réalise à travers un acte divin. L'Annonce de la venue de Jésus ne concerne pas seulement la naissance d'un enfant, mais le début d'une nouvelle ère de rédemption. Jésus est annoncé non seulement comme un roi, mais comme le Sauveur de l'humanité, venu pour rétablir la relation entre Dieu et les hommes.

Le premier chapitre de cette histoire sacrée prépare le terrain pour comprendre l'importance de Jésus. En réalisant que sa venue était attendue, annoncée et prophétisée, nous pouvons mieux saisir l'impact de son ministère et la portée de son message. La promesse d'un Sauveur, enracinée dans les Écritures, ouvre la voie à l'espoir et à la rédemption pour tous. Ainsi, l'Annonce de la venue de Jésus constitue le point de départ d'une histoire d'amour et de sacrifice qui continuera de transformer des vies à travers les siècles.

La naissance de Jésus est l'un des événements les plus célébrés et emblématiques de l'histoire. Elle représente non seulement l'accomplissement des prophéties, mais aussi un moment de grande signification spirituelle pour l'humanité. L'histoire commence dans le cadre du recensement ordonné par l'empereur romain Auguste, qui oblige Joseph et Marie à se rendre à Bethléhem, la ville de David. Ce voyage est à la fois un acte de soumission à l'autorité romaine et une fulfillment de la prophétie de Michée (Michée 5, 2), qui prédit que le Messie naîtrait à Bethléhem.

Marie, jeune femme d'un village galiléen, est choisie pour être la mère du Sauveur. Son acceptation de la volonté divine, comme exprimé dans Luc 1, 38, est un modèle de foi et d'humilité. Elle est présentée comme une figure centrale, non seulement en tant que mère, mais aussi en tant que symbole de l'obéissance et de la grâce divine. La naissance de Jésus se déroule dans des conditions modestes. N'ayant pas trouvé de place dans une auberge, Joseph et Marie se réfugient dans une étable, où Jésus naît et est placé dans une mangeoire. Ce choix de circonstances souligne le message que le Roi des rois vient dans l'humilité, renversant les attentes des puissants.

La nuit de sa naissance, des anges apparaissent à des bergers dans les champs, leur annonçant la bonne nouvelle de la naissance du Sauveur. Dans Luc 2, 10 - 12, l'ange déclare : « Je vous annonce une grande joie qui sera pour tout le peuple : aujourd'hui, dans la ville de David, il vous est né un Sauveur, qui est Christ, le Seigneur ». Cette annonce aux bergers, considérés comme des marginaux, souligne l'universalité du message de Jésus : le salut est offert à tous, sans distinction. Peu après sa naissance, des mages venus d'Orient suivent une étoile qui les conduit à Bethléhem. Ils apportent des offrandes symboliques : l'or, la myrrhe et l'encens. Ces présents sont significatifs, car ils représentent la royauté, la divinité et la souffrance. La visite des mages montre que même des étrangers reconnaissent l'importance de Jésus, indiquant que son influence dépasse les frontières du peuple juif.

La naissance de Jésus est un moment charnière dans l'histoire de la rédemption. Elle incarne le mystère de l'Incarnation, où Dieu devient homme pour vivre parmi nous. Cela souligne la proximité de Dieu avec l'humanité et sa volonté de rétablir la communion perdue. Jean 1, 14 nous rappelle que « le Verbe s'est fait chair et a habité parmi nous ». La naissance de Jésus à Bethléhem est bien plus qu'un simple événement historique ; elle est le début d'une nouvelle ère de rédemption. Dans l'humilité et la simplicité, Dieu a choisi de se révéler à l'humanité, offrant un salut accessible à tous. Cet événement nous invite à réfléchir sur notre propre réponse à cet amour divin et sur notre rôle dans la propagation de ce message de paix et d'espérance. Ainsi, la naissance de Jésus ne marque pas seulement un moment, mais l'initiation d'un voyage spirituel qui continuera à toucher des vies à travers les âges.

L'enfance de Jésus est une période riche en significations, bien qu'elle soit souvent moins détaillée dans les Écritures que ses années de ministère. Après la naissance à Bethléhem, la famille de Jésus s'installe à Nazareth, un petit village en Galilée. C'est là que Jésus grandit, dans un environnement familial et culturel qui façonne son identité. Joseph et Marie, en tant que parents, jouent un rôle crucial dans son éducation, lui transmettant les traditions juives et les valeurs de leur foi. L'éducation de Jésus est fondée sur les Écritures hébraïques. Dans Luc 2, 52, il est écrit : « Et Jésus croissait en sagesse, en stature et en faveur auprès de Dieu et des hommes ». Cela souligne son développement physique, intellectuel et spirituel. Dès son jeune âge, il montre une compréhension profonde des Écritures, révélant une sagesse qui dépasse son âge.

Un des événements marquants de son enfance est la visite au Temple à l'âge de douze ans, décrite dans Luc 2, 41 - 52. Alors que ses parents le cherchent, ils le trouvent discutant avec les docteurs de la loi. Jésus déclare : « Ne saviez-vous pas qu'il me faut être aux affaires de mon Père ? ». Cet incident met en lumière sa mission divine dès son enfance et son sens aigu de son identité. La vie quotidienne de Jésus à Nazareth est marquée par des activités ordinaires. Il apprend le métier de son père, Joseph, et s'intègre dans la communauté. Cette période de sa vie nous rappelle que Jésus a expérimenté la réalité humaine, les joies et les peines de la vie. Sa capacité à vivre pleinement en tant qu'homme tout en portant en lui la nature divine est un mystère central de la foi chrétienne.

Marie, en tant que mère, joue un rôle central dans l'enfance de Jésus. Son exemple de foi, de dévotion et de confiance en Dieu est une source d'inspiration. Elle garde en mémoire les événements extraordinaires entourant la naissance de son fils, méditant sur ces choses dans son cœur (Luc 2, 19). Son rôle va au-delà de la maternité, car elle devient un modèle de disciple, écoutant et suivant la volonté de Dieu.

L'enfance de Jésus est riche en symboles qui préfigurent sa mission future. Par exemple, la visite des mages avec leurs offrandes, ainsi que le fait que Jésus soit présenté au Temple, anticipent sa reconnaissance en tant que Roi et Messie. Ces événements posent les jalons de la révélation de son identité divine au monde. L'enfance de Jésus, bien que souvent moins mise en avant, est essentielle pour comprendre sa nature et sa mission. Elle témoigne de son humanité profonde et de sa connexion à la tradition juive. En grandissant dans un environnement de foi, Jésus se prépare à embrasser la mission que Dieu lui a confiée. Cette période de sa vie nous invite à réfléchir sur nos propres enfances, sur la manière dont nous sommes formés par nos familles et nos croyances. En contemplant l'enfance de Jésus, nous sommes encouragés à chercher la sagesse et à nous préparer à notre propre chemin spirituel. Ainsi, l'enfance de Jésus n'est pas seulement une phase de sa vie, mais un fondement crucial pour le message d'amour et de rédemption qu'il apportera au monde.

Le baptême de Jésus marque un tournant significatif dans son ministère, symbolisant l'initiation de sa mission publique et le début d'une nouvelle ère de révélation divine. Le baptême de Jésus a lieu dans le cadre du ministère de Jean-Baptiste, un prophète appelé à préparer le chemin du Seigneur. Jean prêche un message de repentance et baptise les gens dans le Jourdain, les appelant à se détourner de leurs péchés pour se préparer à l'arrivée du Messie. Ce contexte de repentance est essentiel pour comprendre pourquoi Jésus, sans péché, choisit de se faire baptiser.

Dans Matthieu 3, 13 - 15, Jésus se rend auprès de Jean pour être baptisé. Jean, surpris par cette demande, s'exclame : « C'est moi qui ai besoin d'être baptisé par toi, et tu viens à moi ? » Jésus répond que c'est pour « accomplir toute justice ». Cette déclaration souligne l'humilité de Jésus et sa volonté de s'identifier à l'humanité, partageant leur besoin de rédemption, même s'il n'en a pas besoin personnellement. Lorsque Jésus est baptisé, il descend dans les eaux du Jourdain, symbolisant la purification et la nouvelle naissance. Ce geste a une portée profonde, marquant une étape d'obéissance à la volonté divine. À ce moment, l'eau devient un symbole de la mort et de la résurrection, préfigurant le sacrifice ultime que Jésus accomplira plus tard.

Au moment où Jésus émerge de l'eau, un événement extraordinaire se produit : le ciel s'ouvre et l'Esprit de Dieu descend sur lui sous la forme d'une colombe. Une voix se fait entendre, déclarant : « Celui-ci est mon Fils bien-aimé, en qui j'ai mis toute mon affection » (Matthieu 3, 17). Ce moment de révélation manifeste l'approbation divine et souligne l'identité unique de Jésus en tant que Fils de Dieu. Le baptême de Jésus n'est pas seulement un acte de purification, mais aussi une inauguration. Il révèle la Trinité : le Père (la voix), le Fils (Jésus) et le Saint-Esprit (la colombe). Ce moment souligne la mission divine de Jésus : il vient non seulement pour sauver l'humanité, mais aussi pour instaurer le royaume de Dieu. Son baptême préfigure également le baptême que tous les croyants recevront, symbolisant leur mort au péché et leur résurrection à une nouvelle vie en Christ.

Le baptême de Jésus établit un modèle pour tous les croyants. Comme Jésus s'est soumis au baptême, il appelle chacun de nous à faire de même en signe de notre foi et de notre engagement envers Dieu. Le baptême devient un rite d'initiation dans la communauté des croyants, un symbole d'obéissance et de renouveau spirituel. Le baptême de Jésus est un moment clé qui prépare le terrain pour son ministère public. Il souligne son identification avec l'humanité et son engagement envers la mission de rédemption. En se faisant baptiser, Jésus ne montre pas seulement l'exemple, mais il ouvre également la voie à une relation renouvelée entre Dieu et l'humanité. Ce chapitre nous invite à réfléchir sur notre propre engagement envers notre foi et sur le sens du baptême dans notre vie. En suivant l'exemple de Jésus, nous sommes appelés à vivre une vie de repentance, de foi et d'obéissance, en nous unissant à lui dans sa mission de salut pour le monde. Ainsi, le baptême de Jésus est à la fois un acte de commencement et un modèle de vie chrétienne authentique.

Après son baptême, Jésus est conduit dans le désert, où il est confronté à des tentations qui mettent à l'épreuve sa vocation et sa nature divine. L'événement des tentations de Jésus se déroule immédiatement après son baptême, soulignant l'importance de ce moment dans le cadre de son ministère. Le désert représente un lieu d'isolement, de réflexion et de préparation, mais aussi de lutte spirituelle. Jésus, en jeûnant pendant quarante jours, se prépare pour la mission qui l'attend tout en s'immergeant dans une profonde communion avec Dieu.

Les trois tentations, décrites dans Matthieu 4, 1 - 11, mettent en lumière les différentes manières par lesquelles Jésus est tenté :

1. **La Tentation de la Faim** : Satan demande à Jésus de transformer les pierres en pain. Cette tentation vise à mettre en doute la provision de Dieu et la dépendance de Jésus envers le Père. Jésus répond en citant Deutéronome 8, 3 : « L'homme ne vit pas seulement de pain, mais de toute parole qui sort de la bouche de Dieu ». Cela souligne l'importance de la foi et de la communion spirituelle par rapport aux besoins matériels.

2. **La Tentation de la Puissance** : Satan propose à Jésus de sauter du sommet du Temple pour prouver qu'il est le Fils de Dieu, en invoquant la protection divine. Jésus répond à nouveau avec Deutéronome 6, 16 : « Tu ne mettras pas à l'épreuve le Seigneur, ton Dieu ». Cela montre que la foi ne doit pas être un spectacle, mais une relation authentique avec Dieu.

3. **La Tentation de la Gloire Mondiale** : Satan offre à Jésus tous les royaumes du monde s'il se prosterne devant lui. Jésus rejette cette proposition avec force, déclarant : « Tu adoreras le Seigneur, ton Dieu, et lui seul tu serviras » (Matthieu 4, 10). Cela établit la primauté de l'adoration de Dieu et le rejet des voies du monde.

Les réponses de Jésus aux tentations ne sont pas seulement des citations de l'Écriture, mais des affirmations de sa mission et de sa nature. Chaque réponse démontre sa profonde compréhension de la volonté de Dieu et son engagement à rester fidèle à sa vocation. En se basant sur la Parole de Dieu, Jésus montre l'importance de la connaissance scripturaire dans la lutte contre les tentations. Les tentations de Jésus illustrent des luttes universelles que chaque être humain rencontre : le besoin de satisfaction personnelle, le désir de reconnaissance et l'attrait du pouvoir. Jésus, en affrontant ces épreuves, montre que la victoire sur le péché et la tentation est possible par la foi, la prière et la connaissance de Dieu. Cela nous rappelle que même dans nos moments de faiblesse, nous pouvons nous appuyer sur les Écritures et la grâce divine.

Le désert, lieu de tentation et d'épreuve, est aussi un espace de rencontre avec Dieu. Pour Jésus, c'est un moment de préparation, mais aussi de renforcement de son identité et de sa mission. Ce cadre symbolique nous rappelle que les moments de solitude et d'épreuve peuvent aussi être des occasions de croissance spirituelle et de communion profonde avec Dieu. Les tentations de Jésus dans le désert sont un élément clé de sa préparation pour son ministère. Elles révèlent non seulement sa nature divine et humaine, mais aussi les moyens par lesquels il surmonte le mal. En tant que croyants, nous sommes appelés à imiter Jésus dans notre réponse aux tentations, en nous ancrant dans la Parole de Dieu et en cultivant une relation intime avec Lui. Ce chapitre nous invite à réfléchir sur nos propres luttes et à chercher la force dans notre foi pour résister aux tentations. Comme Jésus l'a montré, la victoire spirituelle est possible lorsque nous restons fidèles à notre appel et à notre dépendance envers Dieu. Ainsi, les tentations dans le désert ne sont pas seulement une épreuve pour Jésus, mais une leçon pour tous ceux qui aspirent à suivre ses pas.

Les premiers miracles de Jésus sont des manifestations puissantes de sa divinité et de son autorité, annonçant le royaume de Dieu et révélant sa compassion envers l'humanité. Le premier miracle de Jésus, souvent considéré comme un acte inaugural de son ministère public, se déroule lors d'un mariage à Cana de Galilée (Jean 2, 1 - 11). Lorsque le vin vient à manquer, Marie, sa mère, lui fait part du problème. Jésus, bien qu'hésitant au début, transforme l'eau des jarres en vin exceptionnel. Ce miracle révèle plusieurs dimensions :

- **La Joie et la Fête** : Le mariage symbolise la joie et la vie nouvelle. En fournissant du vin, Jésus souligne l'importance de la célébration et de la communauté.
- **La Manifestation de Sa Gloire** : Ce miracle est le premier signe public qui révèle la gloire de Jésus, suscitant la foi de ses disciples. Cela annonce une nouvelle ère de joie spirituelle et de plénitude.

Dans Jean 4, 46 - 54, Jésus guérit le fils d'un officier royal. Cet homme, désespéré par la maladie de son fils, se rend auprès de Jésus, implorant sa guérison. Jésus lui dit : « Va, ton fils vit ! ». L'homme croit et rentre chez lui, découvrant que son fils a été guéri à l'heure même où Jésus a prononcé ces mots. Ce miracle met en lumière :

- **La Foi** : La foi de l'officier est cruciale. Il croit en la parole de Jésus sans voir le miracle se réaliser immédiatement, ce qui démontre que la foi peut opérer même dans l'absence de signes tangibles.
- **L'Autorité de Jésus** : Ce miracle démontre la puissance de la parole de Jésus. Il n'a pas besoin d'être physiquement présent pour guérir, soulignant son autorité sur la maladie et la distance.

Un autre miracle significatif est la guérison de la belle-mère de Pierre, qui souffre de fièvre (Marc 1, 29 - 31). Jésus entre dans la maison de Pierre, la touche et la guérit. Ce miracle illustre :

- **La Compassion de Jésus** : Il ne s'agit pas seulement de réaliser des miracles impressionnants, mais de répondre aux besoins individuels avec empathie et soin.
- **Le Service** : Après sa guérison, la belle-mère se lève et commence à servir. Cela illustre que la guérison divine entraîne souvent une réponse de service et d'engagement envers les autres.

Les miracles de Jésus ne sont pas uniquement des actes de puissance, mais des signes qui révèlent la nature du royaume de Dieu. Ils montrent :

- **La Rédemption** : Chaque miracle est une préfiguration de la rédemption ultime que Jésus apportera par sa mort et sa résurrection. Ils annoncent un temps où la souffrance et la maladie seront abolies.
- **La Foi** : Les miracles invitent à la foi. Ils sont des appels à reconnaître l'autorité de Jésus et à s'engager dans une relation avec lui.

Les premiers miracles de Jésus suscitent des réactions variées parmi les témoins :

- **L'Émerveillement et la Foi** : Beaucoup, comme les disciples et les invités au mariage, sont émerveillés et croient en lui.
- **La Méfiance** : D'autres, notamment les autorités religieuses, commencent à s'interroger sur son autorité et son identité, posant ainsi les bases d'une opposition future.

Les premiers miracles de Jésus sont des manifestations éclatantes de sa divinité, de sa compassion et de son autorité. Ils révèlent le cœur de sa mission : apporter guérison, joie et rédemption à l'humanité. Chaque miracle est une invitation à la foi et à la transformation. Ce chapitre nous encourage à reconnaître la présence de Dieu dans notre propre vie à travers miracles de guérison et de grâce, petits ou grands. En nous inspirant des premiers actes de Jésus, nous sommes appelés à vivre une foi active, à servir les autres avec amour et à être témoins de l'œuvre divine dans le monde. Ainsi, les premiers miracles ne sont pas seulement des événements du passé, mais des appels à une vie de foi et de service aujourd'hui.

Le Sermon sur la Montagne est l'un des enseignements les plus célèbres et les plus profonds de Jésus, regroupant ses principes fondamentaux pour vivre une vie qui honore Dieu et transforme les cœurs. Le Sermon sur la Montagne, consigné dans Matthieu 5 à 7, se déroule sur une montagne près de Galilée, où Jésus s'adresse à une foule nombreuse. Ce cadre montagneux rappelle le moment où Moïse a reçu la Loi sur le mont Sinaï, soulignant que Jésus vient non seulement comme un enseignant, mais aussi comme un nouveau Moïse qui réinterprète et approfondit les enseignements de la Loi. Le sermon commence par les Béatitudes (Matthieu 5, 3 - 12), qui proclament des bénédictions sur ceux que le monde considère souvent comme marginalisés. Chaque Béatitude renverse les attentes humaines :

- **« Heureux les pauvres en esprit, car le royaume des cieux est à eux. »**
- **« Heureux ceux qui pleurent, car ils seront consolés. »**

Ces déclarations soulignent la valeur spirituelle des qualités intérieures et l'idée que le royaume de Dieu est accessible à tous, même aux plus vulnérables.

Jésus appelle ses disciples à être « le sel de la terre » et « la lumière du monde » (Matthieu 5, 13 - 16). Ces métaphores révèlent la responsabilité des croyants de préserver la vérité et d'éclairer le monde par leurs actions. Leurs vies doivent refléter les valeurs du royaume de Dieu, influençant ainsi leur environnement.

Dans le Sermon, Jésus aborde plusieurs commandements de la Loi, révélant leur véritable signification. Par exemple :

- **« Vous avez entendu qu'il a été dit : Tu ne tueras point. »** Il va plus loin en disant que la colère et l'insulte envers autrui sont également des formes de meurtre (Matthieu 5, 21 - 22).
- **« Vous avez entendu qu'il a été dit : Tu ne commettras pas d'adultère. »** Jésus enseigne que même le désir dans le cœur peut être considéré comme adultère (Matthieu 5, 27 - 28).

Cette réinterprétation met l'accent sur l'intention du cœur et le besoin de pureté intérieure, plutôt que de se limiter à l'observation extérieure des règles.

Un des passages les plus provocateurs du Sermon est l'appel à aimer ses ennemis (Matthieu 5, 43 - 48). Jésus encourage ses disciples à dépasser les normes humaines en pratiquant un amour inconditionnel, reflétant ainsi l'amour de Dieu pour tous, même pour ceux qui les persécutent. Cela renverse les attentes sociales et religieuses, établissant un nouvel idéal d'amour et de miséricorde.

Dans le Sermon, Jésus aborde également la prière, enseignant le Notre Père (Matthieu 6, 9 - 13). Il insiste sur l'importance d'une relation personnelle avec Dieu, plutôt que de se livrer à des prières ostentatoires. Il encourage ses disciples à prier avec sincérité et à chercher la volonté de Dieu avant tout. Jésus met en garde contre le jugement hâtif des autres (Matthieu 7, 1 - 5). Il exhorte ses disciples à examiner d'abord leurs propres cœurs avant de critiquer les autres. Cette leçon rappelle que la miséricorde et l'humilité sont essentielles dans les relations humaines. Le Sermon se termine par une parabole sur deux bâtisseurs (Matthieu 7, 24 - 27). Jésus compare ceux qui écoutent et mettent en pratique ses enseignements à un homme sage qui construit sa maison sur le roc, tandis que ceux qui ignorent ses paroles ressemblent à un homme insensé qui construit sur le sable. Cette image souligne l'importance de vivre selon les principes du royaume pour faire face aux tempêtes de la vie.

Le Sermon sur la Montagne est un appel radical à vivre une vie transformée par la grâce de Dieu. Les enseignements de Jésus révèlent la profondeur de la loi divine, appelant à une authenticité et à une intégrité spirituelles. Ils nous invitent à réfléchir sur nos valeurs, nos attitudes et nos actions, et à rechercher activement le royaume de Dieu dans notre vie quotidienne. Ce chapitre nous encourage à méditer sur les principes du Sermon sur la Montagne et à les appliquer dans notre vie, devenant ainsi des témoins de l'amour et de la vérité de Dieu dans un monde en quête de sens. En vivant selon ces enseignements, nous participons à l'avancement du royaume de Dieu sur terre, apportant lumière et espoir à ceux qui nous entourent.

Les paraboles de Jésus sont des histoires courtes et mémorables qui véhiculent des vérités profondes et spirituelles. Elles sont conçues pour révéler le royaume de Dieu et inviter à la réflexion, tout en étant accessibles et compréhensibles pour un large public. Les paraboles utilisent des images tirées de la vie quotidienne pour illustrer des concepts spirituels. Elles parlent de la réalité de la vie tout en transmettant des vérités sur Dieu, l'humanité et le royaume des cieux. Jésus utilise des métaphores simples, mais leurs significations peuvent être profondes et souvent provocatrices.

Dans la parabole du semeur (Matthieu 13, 1 - 23), Jésus décrit un semeur qui répand des graines sur différents types de sol : le chemin, le sol pierreux, les ronces et la bonne terre. Chaque type de sol représente la réponse des gens à la Parole de Dieu. Cette parabole souligne plusieurs points clés :

- **La Réceptivité** : La manière dont les gens reçoivent le message de l'Évangile varie grandement, en fonction de leur cœur et de leur disposition spirituelle.
- **La Persévérance** : Seules les semences qui tombent sur la bonne terre portent du fruit, illustrant l'importance de la croissance spirituelle et de la persévérance dans la foi.

La parabole du Bon Samaritain (Luc 10, 25 - 37) illustre le commandement d'aimer son prochain. Dans cette histoire, un homme est attaqué par des bandits et laissé pour mort. Plusieurs passent à côté sans l'aider, mais un Samaritain, considéré comme un ennemi par les Juifs, s'arrête et prend soin de lui. Cette parabole enseigne :

- **L'Universalité de l'Amour** : L'amour du prochain ne connaît pas de frontières culturelles ou ethniques. Tout le monde est notre prochain, et nous sommes appelés à agir avec compassion, même envers ceux qui sont différents de nous.
- **L'Action** : Aimer son prochain se manifeste par des actes concrets de service et de miséricorde.

La parabole de la perte et de la récupération (Luc 15, 1 - 10) inclut l'histoire de la pièce perdue et celle du mouton égaré. Dans ces récits, une femme cherche avec diligence une pièce de monnaie perdue, et un berger laisse les quatre-vingt-dix-neuf brebis pour retrouver la seule qui est perdue. Ces paraboles illustrent :

- **La Valeur de Chaque Individu** : Chaque personne est précieuse aux yeux de Dieu, et il se préoccupe profondément de ceux qui s'éloignent de lui.
- **La Joie de la Récupération** : Le ciel se réjouit lorsque quelqu'un revient à Dieu, soulignant la grâce et la miséricorde qui caractérisent le cœur de Dieu.

Dans la parabole des talents (Matthieu 25, 14 - 30), Jésus raconte l'histoire d'un maître qui confie des talents à ses serviteurs avant de partir en voyage. À son retour, il demande des comptes. Cette parabole met en lumière :

- **La Responsabilité** : Chaque croyant reçoit des dons et des capacités de la part de Dieu, et il est responsable de les utiliser pour sa gloire.
- **L'Importance de l'Engagement** : Les serviteurs qui investissent leurs talents sont récompensés, tandis que celui qui les cache est réprimandé. Cela souligne l'importance de prendre des risques pour avancer le royaume de Dieu.

La parabole de l'enfant prodigue (Luc 15, 11 - 32) raconte l'histoire d'un jeune homme qui demande son héritage et s'en va vivre dans le gaspillage. Lorsqu'il revient repentant, son père l'accueille avec joie. Cette parabole illustre :

- **La Grâce de Dieu** : Peu importe combien nous nous éloignons, Dieu est toujours prêt à nous accueillir à bras ouverts lorsque nous revenons à lui.
- **L'Importance du Repentir** : Le retour de l'enfant montre que le repentir est essentiel pour restaurer notre relation avec Dieu.

Les paraboles de Jésus sont des trésors de sagesse spirituelle. Elles nous invitent à réfléchir sur notre propre vie, nos choix et notre relation avec Dieu et les autres. Chaque parabole, avec son message unique, nous appelle à une vie de foi active, d'amour, de service et de repentance. Ce chapitre nous encourage à méditer sur ces enseignements et à les appliquer dans notre vie quotidienne. En vivant selon les principes révélés dans les paraboles, nous devenons des témoins vivants de l'amour et de la grâce de Dieu dans un monde qui en a tant besoin. Ainsi, les paraboles ne sont pas seulement des histoires anciennes, mais des leçons intemporelles qui continuent à transformer les cœurs et les vies aujourd'hui.

Les relations de Jésus avec ses disciples sont au cœur de son ministère terrestre. Elles illustrent non seulement l'enseignement de Jésus, mais aussi l'importance de la communauté, de la croissance spirituelle et du service. Jésus choisit ses disciples parmi des hommes ordinaires, tels que des pêcheurs, des collecteurs d'impôts et des zélotes (Matthieu 4, 18 - 22 ; Marc 1, 16 - 20). Cet appel montre que Jésus ne cherche pas des élites, mais des cœurs disponibles et désireux de le suivre. Il les appelle à abandonner leurs anciennes vies pour les entraîner à devenir des pêcheurs d'hommes, mettant ainsi en avant le but de leur mission.

Au fil de son ministère, Jésus consacre du temps à former ses disciples. Il les enseigne par des paroles, mais aussi par des actions. À travers les miracles, les paraboles et les discussions, il leur révèle progressivement sa nature divine et sa mission.

- **L'Enseignement** : Jésus utilise des moments quotidiens pour enseigner des vérités profondes sur le royaume de Dieu. Il leur donne des instructions claires sur la prière, le service et l'amour.
- **L'Exemple** : Jésus leur montre par l'exemple comment vivre en servant les autres, comme lorsqu'il lave les pieds de ses disciples (Jean 13, 1 - 17). Ce geste humble souligne l'importance du service dans la vie chrétienne.

Les disciples connaissent des moments de doute et d'échec. Lors de la tempête sur le lac, par exemple, Jésus leur reproche leur manque de foi (Marc 4, 35 - 41). De même, lorsque Pierre renie Jésus (Matthieu 26, 69 - 75), cela met en lumière la fragilité humaine. Ces moments d'épreuve montrent que la foi est un chemin de croissance et que les disciples sont en apprentissage constant. Jésus envoie ses disciples en mission pour prêcher l'Évangile et guérir les malades (Matthieu 10,

1 - 15). Cette mission pratique les prépare à prendre la relève après son départ. En les envoyant, Jésus leur confère une responsabilité et leur donne une expérience directe de l'œuvre du royaume.

- **La Confiance** : Jésus leur donne la confiance de prêcher et d'agir en son nom, soulignant l'importance de la foi dans leur mission.
- **L'Unité** : Jésus enseigne l'importance de l'unité entre les disciples, comme reflet de l'amour de Dieu. Il sait que la mission sera plus efficace s'ils sont unis.

Au cours de leur voyage ensemble, Jésus révèle progressivement son identité à ses disciples. Dans Matthieu 16, 13 - 16, Pierre déclare que Jésus est le Christ, le Fils du Dieu vivant. Cette révélation marque un tournant dans leur relation, car ils commencent à comprendre la véritable nature de sa mission et l'importance de leur rôle. À l'approche de sa crucifixion, Jésus passe du temps à préparer ses disciples à son départ. Il leur parle de l'importance du Saint-Esprit, qui viendra les guider et les encourager (Jean 14, 15 - 27). Cela souligne l'idée que, même en son absence, Jésus continuera à travailler à travers eux. Les relations de Jésus avec ses disciples sont marquées par l'amour et la compassion. Il prend le temps de les écouter, de les conseiller et de les encourager. Même lorsqu'ils échouent, il ne les abandonne pas, mais les réintègre dans sa mission. Son amour inconditionnel pour eux est un modèle pour toutes nos relations.

Les relations de Jésus avec ses disciples révèlent des principes fondamentaux pour vivre une vie de foi. Elles nous rappellent l'importance de l'enseignement, du service, de la communauté et de l'amour. En imitant la manière dont Jésus a interagi avec ses disciples, nous pouvons construire des relations solides et significatives avec ceux qui nous entourent. Ce chapitre nous invite à réfléchir sur notre propre relation avec Jésus et sur la manière dont nous interagissons avec les autres. En tant que disciples d'aujourd'hui, nous sommes appelés à vivre selon les principes du royaume, à servir avec humilité et à aimer sans réserve. Ainsi, en suivant l'exemple de Jésus, nous pouvons devenir des instruments de transformation dans le monde.

La guérison des malades est l'un des aspects les plus marquants du ministère de Jésus. Ces miracles ne sont pas seulement des actes de puissance, mais ils révèlent également la compassion de Jésus et son désir de restaurer l'humanité dans son intégrité. La première chose qui ressort des guérisons de Jésus est sa profonde compassion. Il ne guérit pas seulement pour prouver sa puissance, mais parce qu'il est touché par la souffrance humaine. Dans Matthieu 14, 14, nous lisons que Jésus, voyant la foule, fut ému de compassion et guérit leurs malades. Cette compassion est un reflet du cœur de Dieu, qui se soucie des besoins de ses enfants.

Un exemple emblématique est la guérison d'un paralytique (Marc 2, 1 - 12). Lorsque des hommes amènent leur ami par le toit d'une maison surpeuplée, Jésus ne commence pas par guérir son corps, mais lui dit : « Mon fils, tes péchés te sont pardonnés ». Cette guérison met en avant le lien entre le péché et la souffrance, et souligne que la guérison spirituelle est tout aussi essentielle que la guérison physique. Jésus montre que sa mission est de restaurer non seulement le corps, mais aussi l'âme. Dans l'épisode de la femme souffrant d'un flux de sang (Marc 5, 25 - 34), cette femme, considérée comme impure selon la loi juive, touche le manteau de Jésus dans l'espoir d'être guérie. Jésus ressent immédiatement que la puissance est sortie de lui et, en la rencontrant, il ne la condamne pas. Au contraire, il lui dit : « Ta foi t'a sauvée. Va en paix ». Cette guérison souligne l'importance de la foi et la volonté de Jésus de briser les barrières sociales et religieuses.

Jésus guérit aussi des personnes possédées par des esprits malins, comme le Gérasénien (Marc 5, 1 - 20). Après avoir chassé les démons, Jésus renvoie l'homme, désormais en pleine santé, pour qu'il témoigne des grandes choses que Dieu a faites pour lui. Cette guérison démontre non seulement le pouvoir de Jésus sur les forces du mal, mais aussi sa capacité à restaurer la dignité des personnes rejetées par la société. La guérison de la fille de Jaïrus (Marc 5, 21 - 24, 35 - 43) est un autre exemple puissant. Alors que Jaïrus supplie Jésus de venir guérir sa fille, celle-ci meurt en chemin. Jésus, sans se laisser décourager, lui dit : « Ne crains pas, crois seulement ». À son arrivée, il ressuscite la fille, prouvant ainsi son autorité sur la mort. Cette guérison nous rappelle que Jésus est le Seigneur de la vie et que même dans les situations les plus désespérées, l'espoir est possible par la foi.

Les Évangiles rapportent de nombreuses autres guérisons, y compris des aveugles, des sourds et des lépreux. Chaque acte de guérison révèle la puissance de Jésus, mais aussi son désir de restaurer les relations. Par exemple, lorsqu'il guérit des lépreux, il ne se contente pas de les soigner, mais il restaure aussi leur place dans la communauté (Luc 17, 11 - 19). Les guérisons de Jésus suscitent des réactions variées parmi les témoins. Certains croient et le suivent, tandis que d'autres doutent ou s'opposent à lui. Les autorités religieuses voient ces miracles comme une menace à leur pouvoir. Cela souligne le fait que la guérison peut être à la fois un signe de la bonté de Dieu et une source de conflit.

Il est essentiel de noter que les guérisons physiques ne sont qu'une partie de la mission de Jésus. Sa capacité à guérir les malades symbolise également la guérison spirituelle qu'il offre à l'humanité. Jésus est venu pour apporter la réconciliation avec Dieu et restaurer ce qui était perdu. Chaque guérison physique pointe vers une réalité plus profonde : la restauration complète de l'être humain en Christ. Les guérisons de Jésus sont des témoignages puissants de sa compassion et de son autorité. Elles révèlent non seulement le désir de Dieu de restaurer la santé physique, mais aussi la santé spirituelle et émotionnelle. À travers ses miracles, Jésus nous invite à avoir foi en lui et à reconnaître que, dans toutes nos souffrances, il est présent pour nous guérir. Ce chapitre nous encourage à chercher la guérison non seulement dans notre corps, mais aussi dans notre âme.

Nous sommes appelés à être des instruments de la grâce de Dieu, en apportant compassion et aide à ceux qui souffrent autour de nous. En imitant le cœur de Jésus, nous pouvons contribuer à apporter un peu de son royaume sur terre, en rétablissant l'espoir et la dignité dans la vie des autres.

La relation de Jésus avec les Pharisiens est complexe et souvent conflictuelle. Ces leaders religieux, qui incarnaient l'autorité religieuse et morale de l'époque, se sont souvent opposés aux enseignements de Jésus. Les Pharisiens étaient un groupe religieux influent au sein du judaïsme du premier siècle. Ils prônaient une stricte observance de la Loi et des traditions orales. Leur objectif était de vivre en conformité avec les écritures, mais leur approche rigide les a souvent éloignés du véritable cœur de la Loi, ce qui a conduit à des conflits avec Jésus.

Les premiers affrontements entre Jésus et les Pharisiens sont souvent liés à ses actions et à ses enseignements. Par exemple, lorsqu'il guérit des malades le jour du sabbat, les Pharisiens le critiquent pour avoir enfreint la Loi (Marc 2, 23 - 28). Jésus répond en affirmant que le sabbat a été fait pour l'homme, et non l'inverse, soulignant ainsi la priorité de la compassion sur la rigidité des règles. Une autre confrontation majeure se produit lorsque Jésus pardonne les péchés d'un paralytique. Les Pharisiens, présents, voient cela comme un acte de blasphème, affirmant que seul Dieu peut pardonner les péchés (Marc 2, 1 - 12). Cette accusation illustre leur incapacité à reconnaître l'autorité divine de Jésus, qui non seulement guérit, mais restaure également spirituellement. Jésus dénonce souvent l'hypocrisie des Pharisiens. Dans Matthieu 23, il critique leur tendance à se concentrer sur les détails de la Loi tout en négligeant les aspects fondamentaux comme la justice, la miséricorde et la foi. Il leur reproche de faire des œuvres pour être vus des hommes et de se préoccuper davantage de leur réputation que de leur relation avec Dieu.

- **L'apparence extérieure** : Jésus compare les Pharisiens à des tombes blanchies, belles à l'extérieur mais pleines de mort à l'intérieur. Cette image souligne le décalage entre leur façade religieuse et la réalité de leurs cœurs.

La réponse des Pharisiens à Jésus est souvent motivée par la peur de perdre leur pouvoir et leur influence. Lorsqu'ils voient que Jésus attire de plus en plus de foules et qu'il remet en question leur autorité, ils se sentent menacés. Cette peur les pousse à conspirer pour arrêter Jésus, ce qui les conduit finalement à sa crucifixion.

À travers ses interactions avec les Pharisiens, Jésus enseigne que la véritable adoration vient du cœur. Dans Jean 4, 23 - 24, il déclare que les vrais adorateurs adoreront le Père en esprit et en vérité. Cette déclaration remet en question le système religieux rigide des Pharisiens et leur rappelle que Dieu désire une relation authentique plutôt qu'une observance superficielle. Les paroles et les actions de Jésus envers les Pharisiens sont une invitation à l'auto-réflexion. Elles nous poussent à examiner nos propres attitudes et pratiques religieuses. Sommes-nous parfois enclins à juger les autres tout en négligeant notre propre cœur ? Pratiquons-nous une foi authentique qui se traduit par l'amour et la compassion ? La réponse des Pharisiens à Jésus met en lumière les dangers de l'hypocrisie religieuse et de l'attachement aux traditions au détriment des principes fondamentaux de l'amour et de la grâce. Leur résistance à Jésus illustre comment les cœurs peuvent devenir endurcis face à la vérité, même lorsqu'elle se présente sous une forme familière.

Ce chapitre nous invite à rechercher une relation authentique avec Dieu, à rester ouverts à l'œuvre du Saint-Esprit dans nos vies et à accueillir l'enseignement de Jésus avec humilité. En évitant l'hypocrisie et en embrassant la grâce, nous pouvons vivre une foi qui témoigne de l'amour et de la compassion de Christ dans le monde.

La multiplication des pains est l'un des miracles les plus connus de Jésus, symbolisant non seulement sa puissance divine, mais aussi sa compassion pour les foules affamées. L'épisode de la multiplication des pains se trouve dans tous les Évangiles, mais il est particulièrement bien développé dans Matthieu 14,13 - 21 et Jean 6, 1 - 14. Après avoir appris la mort de Jean-Baptiste, Jésus se retire avec ses disciples pour un moment de repos. Cependant, une grande foule le suit, désireuse d'entendre son enseignement et de bénéficier de ses guérisons.

Lorsque Jésus voit la foule, il est ému de compassion. Au lieu de s'éloigner, il choisit de rester et de répondre à leurs besoins. Ce geste illustre le cœur de Dieu, qui se soucie profondément des afflictions humaines. La compassion de Jésus nous rappelle que, même lorsque nous nous sentons débordés, il nous appelle à porter attention aux besoins des autres. Au fur et à mesure que la journée avance, les disciples s'inquiètent de l'absence de nourriture pour la foule. Ils suggèrent à Jésus de renvoyer les gens pour qu'ils puissent acheter de la nourriture dans les villages voisins (Matthieu 14, 15). Cette réaction souligne une tendance humaine : face aux difficultés, nous avons souvent tendance à nous concentrer sur les limitations plutôt que sur les possibilités.

Jésus pose une question décisive à ses disciples : « Combien de pains avez-vous ? » (Matthieu 14, 17). Ils répondent qu'ils n'ont que cinq pains et deux poissons. Ce dialogue met en lumière l'importance de reconnaître ce que nous avons, même lorsque cela semble insuffisant. Jésus nous rappelle que même une petite quantité, lorsqu'elle est mise entre ses mains, peut accomplir de grandes choses. Jésus prend les pains et les poissons, les bénit, puis les distribue aux disciples pour qu'ils les donnent à la foule. Ce moment symbolise la foi en action : Jésus agit avec ce qu'il a à disposition. Le miracle se produit alors que les disciples distribuent les aliments, et tous mangent à leur faim. À la fin, douze paniers de restes sont collectés, soulignant l'abondance qui découle de la grâce de Dieu.

La multiplication des pains offre plusieurs leçons importantes :

- **La Foi en l'Insuffisance** : Nous sommes souvent confrontés à des situations où nos ressources semblent insuffisantes. Ce miracle nous enseigne à avoir foi que Dieu peut multiplier nos efforts et nos ressources lorsque nous lui faisons confiance.
- **L'Action Collective** : Les disciples jouent un rôle essentiel dans le miracle. Cela nous rappelle que Dieu travaille à travers nous et que nous sommes appelés à être des instruments de sa grâce pour les autres.
- **La Souveraineté de Dieu** : Ce miracle démontre la souveraineté de Jésus sur les besoins matériels. Il n'est pas seulement un enseignant, mais le Fils de Dieu, capable de répondre aux besoins de la foule de manière surnaturelle.

Après ce miracle, la foule est émerveillée et reconnaît en Jésus un prophète (Jean 6, 14). Cependant, leur réaction souligne également un danger : ils cherchent un messie qui répond à leurs besoins matériels, sans toujours comprendre la profondeur de l'enseignement spirituel de Jésus. Cela nous rappelle que nous devons discerner nos motivations et ne pas réduire Jésus à un simple fournisseur de biens matériels. Ce miracle de la multiplication des pains est souvent interprété comme un prélude à l'enseignement plus profond que Jésus partagera plus tard dans Jean 6, où il se déclare le « Pain de Vie ». Jésus explique que le vrai pain qui donne la vie éternelle vient de lui. Ce lien entre le miracle matériel et la provision spirituelle souligne que nos besoins les plus profonds sont spirituels.

La multiplication des pains est un puissant témoignage de la compassion et de la puissance de Jésus. Ce miracle nous rappelle que Dieu se soucie de nos besoins et qu'il peut faire des merveilles avec ce que nous avons. En mettant notre confiance en lui, même nos ressources les plus limitées peuvent être utilisées pour apporter une grande bénédiction aux autres. Ce chapitre nous encourage à reconnaître les besoins autour de nous et à répondre avec foi et action. En devenant des instruments de la grâce de Dieu, nous participons à l'œuvre de multiplication des bénédictions dans la vie des autres, reflétant ainsi le cœur généreux de notre Sauveur.

L'amour est au cœur du message de Jésus et constitue le fondement de son enseignement et de son ministère. Lorsque Jésus est interrogé sur le plus grand commandement de la Loi, il répond en citant Deutéronome 6, 5 : « Tu aimeras le Seigneur, ton Dieu, de tout ton cœur, de toute ton âme et de toute ta force ». Il ajoute ensuite : « Tu aimeras ton prochain comme toi-même » (Matthieu 22, 37 - 39). Ce double commandement résume toute la Loi et les Prophètes, soulignant que l'amour est le fondement de la vie spirituelle.

Jésus révèle également la profondeur de l'amour de Dieu pour l'humanité. Dans Jean 3, 16, il déclare : « Car Dieu a tant aimé le monde qu'il a donné son Fils unique, afin que quiconque croit en lui ne périsse point, mais qu'il ait la vie éternelle ». Cet amour inconditionnel se manifeste par le sacrifice de Jésus, qui est prêt à donner sa vie pour sauver ceux qu'il aime. Cela nous rappelle que l'amour véritable implique le sacrifice et le service désintéressé. L'amour que Jésus enseigne n'est pas seulement spirituel, mais également pratique. Dans ses paraboles, il illustre ce que signifie aimer son prochain. La parabole du Bon Samaritain (Luc 10, 25 - 37) en est un parfait exemple. Elle montre que l'amour dépasse les frontières culturelles et religieuses, appelant chaque individu à agir avec compassion envers ceux qui sont dans le besoin.

Jésus enseigne que l'amour doit être la marque distinctive de ses disciples. Dans Jean 13, 34 - 35, il dit : « Je vous donne un commandement nouveau : Aimez-vous les uns les autres. Comme je vous ai aimés, vous aussi, aimez-vous les uns les autres. À ceci tous connaîtront que vous êtes mes disciples, si vous avez de l'amour les uns pour les autres ». Cet appel à l'amour mutuel souligne l'importance de la communauté et de l'unité parmi les croyants. L'amour de Jésus se manifeste dans ses actions. Il guérit les malades, nourrit les affamés et se mêle aux exclus de la société. Par exemple, lorsqu'il se met à genoux pour laver les pieds de ses disciples (Jean 13, 1 - 17), il démontre que le véritable amour se manifeste par le service. Cet acte d'humilité est un modèle pour nous, nous appelant à servir les autres avec bienveillance et générosité.

Jésus enseigne également l'importance de prier avec un cœur rempli d'amour. Dans le Sermon sur la Montagne, il nous invite à prier même pour ceux qui nous persécutent (Matthieu 5, 44). Cette perspective radicale sur l'amour nous appelle à dépasser nos inclinations humaines et à embrasser une attitude de pardon et de compassion, même envers nos ennemis. Le sommet de l'amour de Jésus est révélé dans sa crucifixion. En donnant sa vie pour nous, il incarne l'amour ultime. Dans Jean 15, 13, il déclare : « Il n'y a pas de plus grand amour que de donner sa vie pour ses amis ». Ce sacrifice nous appelle à réfléchir à la manière dont nous vivons notre propre amour pour les autres et à notre disposition à faire des sacrifices pour le bien-être de ceux qui nous entourent.

Enfin, le message de l'amour ne se limite pas à une doctrine abstraite, mais il exige une réponse personnelle. Jésus nous appelle à répondre à cet amour en aimant Dieu de tout notre cœur et en aimant notre prochain comme nous-mêmes. Cette réponse est le reflet de notre compréhension de l'amour que nous avons reçu. Le message de l'amour est le cœur même de l'enseignement de Jésus. Il nous appelle à vivre une vie marquée par la compassion, le service et le sacrifice. En suivant l'exemple de Jésus, nous pouvons devenir des instruments de son amour dans un monde qui a tant besoin de guérison et d'espoir. Ce chapitre nous invite à examiner nos propres vies et à nous demander : comment pouvons-nous mieux refléter cet amour divin dans nos relations quotidiennes ? En agissant avec amour et en servant les autres, nous contribuons à établir le royaume de Dieu ici sur terre, un acte d'amour à la fois.

La Transfiguration de Jésus est un événement marquant dans le Nouveau Testament, révélant à la fois sa divinité et son lien unique avec Dieu. L'événement de la Transfiguration se déroule après que Jésus a commencé à révéler à ses disciples la nature de sa mission, y compris sa souffrance à venir (Matthieu 16, 21). Alors que les disciples luttent pour comprendre cette révélation, Jésus les emmène sur une montagne élevée, loin des foules, pour une expérience spirituelle unique. Dans Matthieu 17, 1 - 9, Jésus est transfiguré devant ses disciples Pierre, Jacques et Jean. Son visage brille comme le soleil et ses vêtements deviennent d'une blancheur éclatante. Cette transformation physique est une révélation de sa gloire divine, indiquant qu'il est plus qu'un simple enseignant ou prophète : il est le Fils de Dieu. Lors de la Transfiguration, Moïse et Élie apparaissent et conversent avec Jésus. Leur présence est significative : Moïse représente la Loi, et Élie représente les Prophètes. Cela symbolise l'accomplissement des Écritures et la continuité de la révélation divine. Jésus ne vient pas abolir la Loi et les Prophètes, mais les accomplir, témoignant de sa place au centre de l'histoire du salut. La réaction des disciples est de la stupeur et de la peur. Pierre, dans son enthousiasme, propose de construire des tentes pour Jésus, Moïse et Élie. Cependant, il ne comprend pas pleinement la nature de ce qu'il voit. Ce moment de révélation est si intense que Dieu intervient, déclarant : « Celui-ci est mon Fils bien-aimé, en qui j'ai mis toute mon affection ; écoutez-le » (Matthieu 17, 5). Cette proclamation divine souligne l'importance de Jésus et appelle les disciples à l'écouter.

La Transfiguration a une signification profonde. Elle révèle la divinité de Jésus, mais aussi son humanité. En se transfigurant, Jésus montre à ses disciples un avant-goût de la gloire qui les attendra dans le royaume de Dieu. Cet événement préfigure également sa résurrection et le glorieux retour du Christ. Il renforce l'idée que la souffrance et la mort ne sont pas la fin, mais le commencement d'une nouvelle vie en Dieu. Le commandement de Dieu à écouter Jésus est central dans la Transfiguration. Cela nous rappelle que la compréhension de qui est Jésus et de son message nécessite une attention sincère. Écouter Jésus signifie aussi agir selon ses enseignements. Cela nous appelle à une foi active, où l'écoute se traduit par des actions alignées avec les valeurs du royaume de Dieu. Pour les disciples, l'expérience de la Transfiguration les prépare à faire face aux épreuves à venir, y compris la crucifixion de Jésus. Cette vision de la gloire divine sert de source de force et de réconfort. Elle leur rappelle que, même dans les moments de doute et de souffrance, la gloire de Dieu est toujours présente.

La Transfiguration nous invite également à réfléchir à notre propre vie spirituelle. Comme les disciples, nous sommes appelés à avoir des moments de rencontre avec Dieu qui transforment notre compréhension et notre engagement. Ces expériences spirituelles nous fortifient pour faire face aux défis de la foi. La Transfiguration est un événement puissant qui révèle la gloire de Jésus et son rôle central dans le plan de Dieu. Elle nous rappelle que, même dans les moments d'incertitude, nous pouvons avoir confiance que Jésus est le Fils de Dieu, le Sauveur du monde. Ce chapitre nous encourage à chercher des moments de rencontre avec Dieu dans notre vie quotidienne, à écouter attentivement les enseignements de Jésus et à vivre en réponse à cet amour et cette révélation. En suivant l'exemple des disciples, nous pouvons être transformés et témoigner de la gloire de Dieu dans nos vies et notre monde.

L'entrée triomphale de Jésus à Jérusalem marque un moment crucial dans les Évangiles, symbolisant l'accomplissement des prophéties et la proclamation de sa messianité. Cet événement a lieu quelques jours avant la Pâque juive, une période où des milliers de pèlerins affluent à Jérusalem pour célébrer la libération du peuple d'Israël de l'esclavage en Égypte. Dans ce contexte, Jésus choisit d'entrer dans la ville de manière symbolique, annonçant ainsi qu'il est le Messie attendu.

Jésus envoie deux de ses disciples chercher un âne qui n'a jamais été monté (Matthieu 21, 1 - 3). Cette demande souligne son autorité, mais aussi l'accomplissement de la prophétie de Zacharie 9, 9, qui prédit que le roi viendra humblement monté sur un âne. Cet acte prépare le terrain pour l'entrée de Jésus, contrastant avec l'image d'un roi conquérant. Lorsque Jésus entre dans Jérusalem, la foule l'accueille avec enthousiasme, étendant des manteaux et des branches de palmier sur son passage (Matthieu 21, 8 - 9). Ils crient : « Hosanna au Fils de David ! Béni soit celui qui vient au nom du Seigneur ! ». Cette acclamation témoigne de leur reconnaissance de Jésus comme le Messie et leur espoir en une libération politique. Cependant, leur compréhension de ce que cela signifie est limitée. L'entrée triomphale est plus qu'un simple événement festif ; elle symbolise l'arrivée du Royaume de Dieu. Jésus, en tant que roi humble, appelle les gens à un type de souveraineté différent de celui attendu. Son règne ne sera pas caractérisé par la force militaire, mais par l'amour, la paix et le service. Cela nous rappelle que le véritable pouvoir de Dieu se manifeste dans l'humilité et le sacrifice.

La foule, bien qu'elle acclame Jésus comme roi, a des attentes qui vont au-delà de la simple délivrance spirituelle. Beaucoup espèrent une libération politique de l'occupation romaine. Jésus, cependant, vient pour apporter une paix plus profonde, libérant l'humanité du péché et de la mort. Ce contraste entre attentes et réalité est central dans l'histoire de Jésus et reste pertinent pour notre compréhension de sa mission. L'entrée triomphale de Jésus suscite également l'inquiétude des autorités religieuses et politiques. Dans Luc 19, 39 - 40, certains pharisiens demandent à Jésus de faire taire ses disciples. Jésus répond que, si ces voix se taisent, les pierres crieront. Cette déclaration souligne que la proclamation de sa messianité est inévitable et que la création elle-même témoigne de la vérité de qui il est.

L'entrée à Jérusalem annonce également le début des événements qui conduiront à la Passion. Ce moment de célébration est bientôt suivi par des moments de trahison, de souffrance et de crucifixion. Jésus, conscient de ce qui l'attend, entre dans la ville avec détermination, prêt à accomplir la volonté de son Père. L'entrée de Jésus sur un âne est un puissant exemple d'humilité. Contrairement aux rois de ce monde qui entrent dans les villes avec éclat et puissance, Jésus choisit la voie de l'humilité. Cela nous rappelle que le véritable honneur se trouve dans le service aux autres et dans la soumission à la volonté de Dieu. L'entrée triomphale de Jésus à Jérusalem est un événement riche en signification, marquant à la fois l'accomplissement des prophéties et l'introduction d'un règne spirituel radical. Elle nous invite à réfléchir sur nos propres attentes vis-à-vis de Dieu et de son action dans nos vies. Ce chapitre nous encourage à accueillir Jésus comme notre Roi, non pas selon nos propres désirs ou attentes, mais selon la réalité de son message d'amour et de rédemption. En reconnaissant sa souveraineté, nous sommes appelés à vivre en tant que citoyens de son royaume, partageant son amour et sa paix avec le monde qui nous entoure.

Le Dernier Repas de Jésus avec ses disciples est un moment central dans le Nouveau Testament, marquant à la fois la fin de son ministère terrestre et l'institution d'un sacrement fondamental pour les chrétiens. Le Dernier Repas a lieu durant la Pâque juive, une célébration importante pour le peuple juif qui commémore leur libération de l'esclavage en Égypte. Dans ce contexte, Jésus se prépare à faire face à sa crucifixion imminente. Il choisit de partager ce repas avec ses disciples, soulignant l'importance de la communauté et de l'intimité dans les derniers moments de sa vie.

Au cours du repas, Jésus prend le pain, le bénit, et le rompt, déclarant : « Ceci est mon corps, qui est donné pour vous » (Luc 22, 19). Ensuite, il prend une coupe de vin, disant : « Cette coupe est la nouvelle alliance en mon sang, qui est versé pour vous » (Luc 22, 20). Ces paroles instituent le sacrement de la Sainte-Cène, où le pain et le vin deviennent des symboles du corps et du sang de Christ. Cette nouvelle alliance remplace l'ancienne, offrant la rédemption par le sacrifice de Jésus. Avant le repas, Jésus lave les pieds de ses disciples, un acte d'humilité et de service (Jean 13, 1 - 17). Ce geste est significatif, car il montre que le Maître se met au service de ses disciples. Jésus enseigne que le véritable leadership se manifeste par le service aux autres. Ce modèle d'humilité est un appel à tous les croyants à vivre dans l'amour et à servir les autres, indépendamment de leur statut.

Au cours du repas, Jésus annonce qu'un des disciples le trahira. Ce moment de révélation met en lumière la réalité de la trahison et du péché humain. Judas, malgré son intimité avec Jésus, choisit de le livrer pour de l'argent. Ce contraste souligne le thème de la lumière et des ténèbres, la fidélité et la trahison, qui seront présents tout au long de l'histoire de la Passion. Après le repas, Jésus prend le temps d'enseigner ses disciples sur l'importance de leur relation future avec lui.

Dans Jean 14 - 16, il leur promet l'envoi du Saint-Esprit, qui les guidera et les consolera après son départ. Cette promesse de la présence continue de Dieu parmi ses disciples est un réconfort essentiel, leur assurant qu'ils ne seront jamais abandonnés.

Le Dernier Repas a également une importance sacramentelle. En instituant la Sainte-Cène, Jésus invite ses disciples à se souvenir de son sacrifice. Dans 1 Corinthiens 11, 24 - 25, Paul rappelle l'importance de célébrer ce repas en mémoire de Jésus. Cela devient un acte de foi et de communion pour les chrétiens, un moyen de se reconnecter à la grâce et à la rédemption offertes par Christ.

Le concept d'alliance est central dans le Dernier Repas. Jésus annonce qu'il établit une nouvelle alliance, une promesse de réconciliation entre Dieu et l'humanité, par son sacrifice. Cette nouvelle alliance est la culmination des promesses de Dieu tout au long de l'Ancien Testament, où le sang versé est le moyen de rédemption. Ce moment fort du Dernier Repas nous invite à réfléchir à la profondeur de l'amour de Jésus. Son désir de partager ce repas avec ses disciples, malgré la trahison imminente, démontre un amour inconditionnel. Jésus se prépare à souffrir pour le bien de l'humanité, incarnant le sacrifice ultime.

Le Dernier Repas est un événement riche de signification qui pose les fondements de la foi chrétienne. Il nous rappelle la nature sacramentelle de notre relation avec Jésus, l'importance du service, et le modèle d'amour que nous devons suivre. En célébrant la Sainte-Cène, nous nous engageons à vivre selon les valeurs du royaume de Dieu, en servant les autres et en nous rappelant le sacrifice de Christ. Ce chapitre nous encourage à approfondir notre compréhension de ce sacrement et à vivre en communion avec Dieu et avec les autres. En suivant l'exemple de Jésus, nous sommes appelés à être des témoins de son amour et de sa grâce dans un monde qui en a désespérément besoin.

La Passion de Jésus est un événement central dans le récit évangélique, marquant le sommet de son ministère terrestre et le cœur du message chrétien. La Passion commence après le Dernier Repas, alors que Jésus se dirige vers le jardin de Gethsémané. Ce moment est chargé d'émotion, Jésus étant conscient de la souffrance qui l'attend. L'atmosphère est sombre, remplie d'angoisse et de tension, alors qu'il se prépare à affronter son destin. Dans le jardin de Gethsémané, Jésus se retire pour prier. Il ressent une profonde détresse, demandant à ses disciples de veiller et de prier avec lui. Dans sa prière, il exprime son désir d'éviter la souffrance, mais il se soumet à la volonté de son Père (Matthieu 26, 39). Cette lutte intérieure révèle l'humanité de Jésus, tout en affirmant sa détermination à accomplir la mission pour laquelle il est venu.

Judas, l'un des douze disciples, trahit Jésus en le livrant aux autorités religieuses pour trente pièces d'argent. L'acte de Judas est une illustration tragique de la trahison et du péché. Lors de l'arrestation, Jésus appelle Judas « ami », montrant ainsi une profonde compassion même envers celui qui le trahit (Matthieu 26, 50). Après son arrestation, Jésus est conduit devant le Sanhédrin, puis devant Ponce Pilate. Les faux témoignages et les accusations injustes sont au cœur de ce procès. Jésus, bien qu'innocent, subit l'humiliation et la moquerie. Dans cette phase, il demeure silencieux face à ses accusateurs, soulignant son acceptation de la volonté de Dieu et sa détermination à aller jusqu'au bout. Jésus est condamné à mort, et il porte sa croix vers le lieu de la crucifixion, le Golgotha. Ce chemin de croix est un symbole de son sacrifice. Les épreuves physiques et émotionnelles qu'il endure témoignent de son amour inconditionnel pour l'humanité. À chaque étape, il montre une résilience remarquable, nous appelant à porter nos propres croix avec foi.

La crucifixion est l'aboutissement de la Passion. Cloué sur la croix, Jésus souffre physiquement, mais il souffre aussi spirituellement, portant le poids des péchés du monde. Ses dernières paroles, « Tout est accompli » (Jean 19, 30), révèlent qu'il a pleinement achevé la mission de rédemption. Ce moment marque une rupture entre lui et le Père, illustrée par le voile du temple qui se déchire, symbolisant l'accès direct à Dieu pour tous les croyants. La mort de Jésus est un événement tragique, mais aussi libérateur. Elle inaugure une nouvelle ère de réconciliation entre Dieu et l'humanité. Par son sacrifice, Jésus offre la vie éternelle à tous ceux qui croient en lui (Jean 3, 16). Ce sacrifice expiatoire est au cœur de la foi chrétienne, affirmant que le sang de Jésus a le pouvoir de laver les péchés. Après sa mort, le corps de Jésus est mis au tombeau par Joseph d'Arimathée. Ce moment de mise au tombeau est un acte de respect et d'honneur. Les disciples, désemparés et attristés, ressentent la perte de leur maître. Cependant, même dans ce moment de désespoir, une promesse de résurrection plane, préparant le terrain pour la victoire sur la mort.

La Passion de Jésus a une signification profonde pour les croyants. Elle illustre l'amour incommensurable de Dieu pour l'humanité et son désir de restaurer la relation entre lui et ses créatures. La souffrance et la mort de Jésus ne sont pas des fins en soi, mais des étapes nécessaires pour parvenir à la résurrection, qui promet la victoire sur le péché et la mort. La Passion de Jésus est un témoignage puissant de l'amour, du sacrifice et de l'obéissance. Elle nous appelle à réfléchir sur la profondeur de ce sacrifice et sur notre propre réponse à cet amour. En nous rappelant la souffrance de Jésus, nous sommes invités à vivre une foi authentique, à aimer les autres comme il nous a aimés, et à partager le message de rédemption avec le monde. Ce chapitre nous rappelle que, même dans la souffrance, il y a l'espoir de la résurrection et la promesse d'une vie nouvelle en Christ. En embrassant la croix, nous trouvons notre propre chemin vers la vie éternelle.

La crucifixion de Jésus est un des événements les plus marquants et tragiques de l'histoire chrétienne, représentant le sommet de sa souffrance et le point central de la rédemption humaine. Après avoir été condamné, Jésus est forcé de porter sa croix à travers les rues de Jérusalem, un chemin de souffrance et d'humiliation. Ce parcours, souvent appelé le "Chemin de la Croix", illustre non seulement la douleur physique qu'il endure, mais aussi le mépris et la moquerie de la foule. Les témoins de cet événement comprennent les soldats, les curieux, et les femmes qui pleurent, renforçant le sentiment de solitude et d'abandon de Jésus.

Arrivé au Golgotha, le lieu de la crucifixion, Jésus est cloué sur la croix entre deux criminels. La crucifixion, une méthode d'exécution réservée aux pires criminels, souligne le mépris des autorités à l'égard de Jésus. Les soldats se moquent de lui, et une inscription est placée au-dessus de sa tête, déclarant : « Jésus de Nazareth, roi des Juifs » (Jean 19, 19). Cela sert à la fois de moquerie et d'affirmation de sa véritable identité. Sur la croix, Jésus prononce sept phrases puissantes, chacune remplie de signification. Parmi elles, il crie : « Mon Dieu, mon Dieu, pourquoi m'as-tu abandonné ? » (Matthieu 27, 46), exprimant son profond sentiment d'abandon. Ces paroles, tirées du Psaume 22, résonnent comme un cri d'angoisse, mais aussi comme une proclamation de foi. Il dit également : « Père, pardonne-leur, car ils ne savent ce qu'ils font » (Luc 23, 34). Cette déclaration témoigne de son amour inconditionnel et de sa miséricorde, même envers ceux qui le crucifient. Ces mots rappellent l'essence de son message : le pardon.

La réaction des témoins de la crucifixion varie. Certaines personnes, comme les soldats et les chefs religieux, se moquent de Jésus, tandis que d'autres, comme Jean et les femmes présentes, restent fidèles. La douleur et la confusion de ceux qui l'aiment sont palpables, alors qu'ils regardent le Messie souffrir. La crucifixion de Jésus n'est pas qu'un simple événement historique ; elle a une portée théologique immense. Elle représente le sacrifice ultime, où Jésus, en tant qu'Agneau de Dieu, prend sur lui les péchés du monde. Par sa mort, il établit une nouvelle alliance entre Dieu et l'humanité, offrant la rédemption et la vie éternelle à tous ceux qui croient en lui (Jean 3, 16). La crucifixion met également en lumière le concept du péché et de la souffrance humaine. Jésus, innocent, porte le poids du péché des autres, illustrant la profonde injustice qui est souvent présente dans le monde. Cela nous rappelle que le chemin vers la rédemption passe par la souffrance et le sacrifice.

Au moment de sa mort, des événements extraordinaires se produisent : le voile du temple se déchire en deux, symbolisant la fin de la séparation entre Dieu et l'humanité (Matthieu 27, 51). Des tremblements de terre secouent la terre, et certains tombent sous le choc de cette tragédie. Le centurion, voyant ce qui s'est passé, déclare : « Assurément, cet homme était Fils de Dieu » (Marc 15, 39). Cette reconnaissance souligne que même au milieu de la mort, la divinité de Jésus est révélée. La crucifixion est au cœur de la foi chrétienne. Elle appelle les croyants à prendre conscience du coût du péché et de l'immense amour de Dieu pour l'humanité. En réfléchissant à cet acte de sacrifice, les chrétiens sont invités à vivre une vie de gratitude, de service et de partage de l'amour de Christ avec les autres.

Bien que la crucifixion soit un moment de désespoir apparent, elle prépare également le terrain pour la résurrection. La mort de Jésus n'est pas la fin, mais le début d'une nouvelle réalité. Les croyants sont encouragés à se souvenir que la souffrance peut mener à la gloire et que la résurrection de Jésus apporte une espérance renouvelée pour tous. La crucifixion de Jésus est un événement central qui illustre le sacrifice ultime pour l'humanité. Elle est un rappel puissant de l'amour de Dieu et de l'importance du pardon. En contemplant la croix, les croyants sont appelés à reconnaître la gravité de leurs péchés et la profondeur de la grâce offerte par le sacrifice de Christ.

Ce chapitre nous encourage à vivre dans la lumière de la croix, à embrasser la grâce et à répondre à cet amour par notre propre engagement envers Dieu et les autres. En portant nos croix, nous participons à la mission de Christ et témoignons de l'espérance qui jaillit de sa résurrection.

La résurrection de Jésus est l'événement fondateur du christianisme, marquant la victoire sur la mort et le péché. Après trois jours dans le tombeau, les femmes, dont Marie Madeleine, se rendent au sépulcre pour oindre le corps de Jésus (Matthieu 28, 1). À leur arrivée, elles découvrent que la pierre a été roulée et que le tombeau est vide. Cet événement bouleverse leurs attentes et annonce un changement radical. Un ange apparaît aux femmes, leur disant : « Pourquoi cherchez-vous le vivant parmi les morts ? Il n'est pas ici, il est ressuscité ! » (Luc 24, 5 - 6). Cette proclamation est un tournant, affirmant que Jésus a triomphé de la mort. L'ange leur rappelle les paroles de Jésus, renforçant ainsi leur foi et leur mission.

Marie Madeleine et les autres femmes rencontrent Jésus sur le chemin du retour. Jésus les salue, leur affirmant : « Allez dire à mes frères que je monte vers mon Père et votre Père » (Jean 20, 17). Cette rencontre personnelle avec le Christ ressuscité est un moment d'une immense joie et d'espoir, et elle témoigne de l'intimité de la relation entre Jésus et ses disciples. La résurrection de Jésus est fondamentale pour la foi chrétienne. Elle atteste de sa divinité et de sa victoire sur le péché et la mort. Dans 1 Corinthiens 15, 17, Paul souligne que si Christ n'est pas ressuscité, notre foi est vaine. La résurrection confirme que la promesse de la vie éternelle est réelle et accessible à tous ceux qui croient en lui.

Après sa résurrection, Jésus apparaît à plusieurs reprises à ses disciples et à d'autres personnes. Il se manifeste à deux disciples en route vers Émmaüs (Luc 24, 13 - 35), offrant une explication des Écritures et révélant son identité. Ces apparitions renforcent la foi des disciples, qui, face à l'adversité, comprennent maintenant la réalité de la résurrection. Jésus donne à ses disciples la mission d'annoncer l'Évangile au monde entier. Dans Matthieu 28, 19 - 20, il les charge de « faire de toutes les nations des disciples », les encourageant à baptiser et à enseigner. Cette commission souligne que la résurrection n'est pas seulement un événement à célébrer, mais un appel à l'action. La résurrection de Jésus annonce également le début de la nouvelle création. En ressuscitant, Jésus inaugure un nouvel ordre où la mort n'a plus le dernier mot. Cela nous donne l'espérance que, par la foi en Christ, nous aussi, nous ressusciterons. Dans Apocalypse 21, 4, il est promis que « la mort ne sera plus ».

Pour les chrétiens, la résurrection de Jésus est une source d'espoir et de réconfort. Elle assure que, malgré les épreuves et les souffrances, la vie triomphe toujours. La résurrection offre également une perspective nouvelle sur la vie présente, incitant les croyants à vivre avec audace et foi. La résurrection de Jésus est le cœur du message chrétien. Elle témoigne de l'amour incommensurable de Dieu pour l'humanité et de la promesse de la vie éternelle. Cet événement transforme non seulement la vie des disciples, mais continue d'inspirer des millions de personnes à travers les âges.

Ce chapitre nous invite à célébrer la résurrection avec joie, à en vivre les implications dans notre quotidien, et à partager cette bonne nouvelle avec le monde. En nous appuyant sur la puissance de la résurrection, nous sommes appelés à être des témoins de l'espérance et de la rédemption que Christ offre à tous.

Les apparitions de Jésus après sa résurrection constituent des moments clés qui renforcent la foi de ses disciples et posent les bases de l'Église chrétienne. Après sa résurrection, Jésus se manifeste à plusieurs reprises à ses disciples, leur offrant des preuves tangibles de son retour à la vie. Ces apparitions sont non seulement des moments de joie, mais aussi des occasions d'enseignement et de réaffirmation de sa mission.

La première apparition post-résurrection a lieu devant Marie Madeleine. Après avoir découvert le tombeau vide, elle rencontre Jésus, qui lui dit : « N'attends pas de me toucher, car je ne suis pas encore monté vers mon Père » (Jean 20, 17). Cette rencontre souligne l'importance de la foi personnelle et de la relation intime entre Jésus et ses disciples. Plus tard, Jésus apparaît à ses disciples réunis dans une maison, les portes étant verrouillées par crainte des autorités (Jean 20, 19 - 23). Il leur dit : « La paix soit avec vous ! » et leur montre ses mains et son côté, prouvant ainsi qu'il est bien le même Jésus crucifié. Cette apparition apporte réconfort et paix, et Jésus les envoie en mission, leur donnant le Saint-Esprit. L'un des disciples, Thomas, n'était pas présent lors de la première apparition. Il exprime des doutes, affirmant qu'il ne croira pas tant qu'il n'aura pas touché les marques de la crucifixion. Une semaine plus tard, Jésus apparaît à nouveau et invite Thomas à toucher ses blessures (Jean 20, 24 - 29). Cette interaction met en lumière le thème de la foi et du doute, montrant que la foi peut se développer à travers des questions sincères.

Dans un des récits les plus touchants, Jésus apparaît à ses disciples au bord du lac de Tibériade (Jean 21, 1 - 14). Après une nuit de pêche infructueuse, Jésus leur indique où jeter leurs filets, permettant une prise miraculeuse. Cet événement rappelle aux disciples leur appel initial et leur mission, et Jésus les charge à nouveau de prendre soin de ses brebis. Lors de cette même apparition, Jésus demande à Pierre trois fois s'il l'aime, l'invitant ainsi à se restaurer après sa trahison. Cette conversation souligne la grâce et le pardon, et Jésus réaffirme la mission de Pierre : « Pais mes brebis » (Jean 21, 15 - 17). Cela marque un tournant dans la vie de Pierre, qui devient un leader central de l'Église naissante.

Les apparitions de Jésus sont aussi l'occasion de donner un mandat clair à ses disciples. Dans Matthieu 28, 19 - 20, Jésus leur commande d'aller et de faire des disciples de toutes les nations. Ce Grand Commandement souligne l'importance de partager l'Évangile et d'annoncer la bonne nouvelle de la résurrection au monde entier. Les disciples, remplis de l'Esprit Saint, commencent à réaliser des signes et des miracles en son nom, attestant ainsi de la puissance de la résurrection. Ces manifestations spirituelles confirment la promesse de Jésus selon laquelle ils feraient des œuvres encore plus grandes que celles qu'il avait accomplies (Jean 14, 12). Les apparitions de Jésus montrent que sa résurrection n'est pas seulement une théorie théologique, mais une réalité vivante. Les disciples, initialement peureux et découragés, deviennent des témoins ardents, proclamant la résurrection avec courage. Cela atteste de la transformation que la rencontre avec le Christ ressuscité peut opérer dans la vie d'un croyant.

Les apparitions post-résurrection de Jésus sont des moments de révélation et d'encouragement pour ses disciples. Elles illustrent la réalité de la résurrection et soulignent l'appel à la mission qui s'ensuit. En se manifestant à ses disciples, Jésus renforce leur foi, les prépare à leur mission et leur offre une espérance renouvelée. Ce chapitre nous rappelle que la résurrection de Jésus est une invitation à entrer dans une relation vivante avec lui, à poser des questions, à douter, et à finalement croire. En suivant l'exemple des disciples, nous sommes appelés à vivre notre foi avec audace et à partager la bonne nouvelle de la résurrection avec le monde.

L'ascension de Jésus est un moment clé qui clôt son ministère terrestre et ouvre la voie à la mission de l'Église. L'ascension se produit quarante jours après la résurrection de Jésus. Pendant cette période, il apparaît à ses disciples, les enseignant sur le royaume de Dieu et leur donnant des instructions pour l'avenir. Ces apparitions renforcent leur foi et les préparent à la mission qui les attend.

L'ascension a lieu sur le mont des Oliviers, un lieu symbolique dans l'histoire biblique. Ce site est lié à de nombreux événements importants dans la vie de Jésus, et c'est là qu'il s'adresse à ses disciples avant de quitter le monde physique. Le choix de ce lieu souligne son importance spirituelle. Avant de s'élever au ciel, Jésus donne à ses disciples le Grand Commandement : « Allez donc, faites de toutes les nations des disciples, les baptisant au nom du Père, du Fils et du Saint-Esprit » (Matthieu 28, 19). Cette mission souligne l'universalité de l'Évangile et l'importance de faire connaître le message de Christ à toutes les personnes. Jésus promet également l'envoi du Saint-Esprit : « Vous recevrez une puissance, le Saint-Esprit survenant sur vous ; et vous serez mes témoins » (Actes 1, 8). Cette promesse est cruciale, car elle assure aux disciples qu'ils ne seront pas seuls dans leur mission. Le Saint-Esprit sera leur guide, leur conseiller et leur source de force.

Alors que les disciples regardent, Jésus est enlevé au ciel dans une nuée. Cet acte est non seulement une confirmation de sa divinité, mais aussi un symbole de la séparation entre le terrestre et le céleste. La scène est à la fois majestueuse et émouvante, marquant la fin de sa présence physique parmi eux (Actes 1, 9). Les disciples, émerveillés et perplexes, demeurent à contempler le ciel. Deux anges apparaissent alors, leur demandant pourquoi ils regardent ainsi. Ils annoncent que Jésus reviendra de la même manière qu'il est monté (Actes 1, 10 - 11). Cette promesse de retour réaffirme l'espoir chrétien et la certitude que l'histoire ne se termine pas avec l'ascension.

L'ascension a une signification profonde dans la théologie chrétienne. Elle marque la fin du ministère terrestre de Jésus et son retour à la droite de Dieu, où il intercède pour les croyants (Hébreux 10, 12). Cela confirme sa victoire sur la mort et le péché, et établit son autorité sur le ciel et la terre. L'ascension est un moment déterminant pour l'Église naissante. Elle prépare le terrain pour la Pentecôte, lorsque le Saint-Esprit descend sur les disciples et les habilite à remplir leur mission. Cet événement marque le début d'une ère d'évangélisation et de croissance de l'Église, propulsée par la puissance de l'Esprit.

La promesse du retour de Jésus est un élément fondamental de l'espérance chrétienne. Les croyants sont appelés à vivre dans l'attente active de ce retour, à mener une vie de foi et de témoignage, en partageant l'Évangile avec le monde. Cela leur rappelle que leur mission sur terre est temporaire et que leur véritable citoyenneté est dans le ciel. L'ascension de Jésus est un événement riche de signification, qui clôture son ministère terrestre tout en ouvrant la voie à une nouvelle ère pour l'Église. Elle nous rappelle que Jésus est vivant, qu'il règne, et qu'il nous a confié une mission. Ce chapitre nous invite à réfléchir à notre propre appel en tant que témoins de Christ et à vivre dans la lumière de la promesse de son retour. En attendant ce jour, nous sommes appelés à proclamer l'Évangile, à vivre en communion avec le Saint-Esprit, et à espérer avec assurance le retour glorieux de notre Seigneur.

La mission des disciples de Jésus est un élément central de la foi chrétienne, qui s'étend bien au-delà de la période de son ministère terrestre. Après sa résurrection, Jésus confie à ses disciples le Grand Commandement : « Allez donc, faites de toutes les nations des disciples » (Matthieu 28, 19). Cette mission universelle souligne l'appel de Christ à évangéliser et à baptiser, marquant le début de l'expansion de l'Église dans le monde entier.

Jésus promet l'envoi du Saint-Esprit pour aider les disciples dans leur mission. Dans Actes 1, 8, il déclare : « Vous recevrez une puissance, le Saint-Esprit survenant sur vous ; et vous serez mes témoins ». Cette puissance est essentielle pour accomplir la mission, car elle donne aux disciples le courage et la sagesse nécessaires pour proclamer l'Évangile. Les disciples sont appelés à être des témoins de la résurrection de Jésus. Leur témoignage est fondé sur leur expérience personnelle et leur rencontre avec le Christ vivant. En partageant leur foi, ils doivent aussi vivre des vies qui reflètent les valeurs du royaume de Dieu, incarnant l'amour, la justice et la miséricorde.

L'évangélisation est au cœur de la mission des disciples. Ils sont chargés de prêcher la bonne nouvelle, non seulement aux Juifs, mais aussi aux Gentils. Ce message inclut l'appel au repentir, la promesse de pardon, et l'annonce du royaume de Dieu. Les premiers disciples, tels que Pierre et Paul, sont des exemples marquants de cette proclamation. La mission des disciples ne se limite pas à l'individu ; elle est également communautaire. Les premiers chrétiens se rassemblent pour adorer, prier et se soutenir mutuellement. Actes 2, 42 décrit la vie de la première Église, qui se consacre à l'enseignement des apôtres, à la communion, et à la fraction du pain. Cette communauté de foi devient un témoignage vivant de l'amour de Christ.

Les disciples sont souvent confrontés à des persécutions et à des épreuves dans l'accomplissement de leur mission. Cependant, ces difficultés ne les découragent pas ; au contraire, elles renforcent leur détermination. Dans Actes 5, 41, les apôtres se réjouissent d'avoir été jugés dignes de souffrir pour le nom de Jésus. Leur résilience témoigne de la puissance de l'Esprit qui les guide. La mission des disciples inclut également un appel au service. Jésus lui-même a illustré ce principe en lavant les pieds de ses disciples (Jean 13, 1 - 17). Servir les autres, en particulier les plus vulnérables, est une expression de l'amour de Christ. Les disciples sont appelés à mettre en pratique les enseignements de Jésus en agissant avec compassion et justice.

Au fil des siècles, la mission des disciples a eu un impact profond sur le monde. L'Évangile s'est répandu à travers les continents, transformant des vies et des cultures. Des milliers de missions ont été établies, des écoles et des hôpitaux fondés, et des communautés de foi créées, témoignant du pouvoir de la mission chrétienne. Aujourd'hui, le mandat de faire des disciples reste pertinent. Les chrétiens sont appelés à continuer cette mission dans leur propre contexte culturel. Que ce soit par des actions concrètes, des œuvres de charité, ou par le témoignage verbal, chaque croyant a un rôle à jouer dans la proclamation de l'Évangile.

La mission des disciples est un héritage qui continue d'inspirer les croyants du monde entier. En obéissant au Grand Commandement, en se laissant guider par le Saint-Esprit et en incarnant l'amour de Christ, nous participons à l'œuvre de rédemption de Dieu. Ce chapitre nous rappelle que chaque chrétien est un ambassadeur du Christ, appelé à apporter l'espoir et la lumière dans un monde souvent assombri par le désespoir. En vivant notre foi avec audace et en partageant l'Évangile, nous continuons l'œuvre de ceux qui ont été envoyés avant nous.

Le Saint-Esprit joue un rôle central dans la vie chrétienne, agissant comme le consolateur, le guide et la source de puissance pour les croyants. Avant son ascension, Jésus promet l'envoi du Saint-Esprit aux disciples : « Je vous enverrai le Consolateur » (Jean 14, 26). Cette promesse est essentielle, car elle assure aux disciples qu'ils ne seront pas laissés seuls dans leur mission. Le Saint-Esprit est un don précieux qui apportera réconfort, guidance et puissance.

La Pentecôte, célébrée cinquante jours après la résurrection, marque la venue du Saint-Esprit sur les disciples (Actes 2, 1 - 4). Cette expérience transcende les attentes humaines, le Saint-Esprit se manifestant par des langues de feu et le don de parler en d'autres langues. Cet événement marque le début de l'Église chrétienne, remplie de l'Esprit. Une des fonctions principales du Saint-Esprit est celle de guide. Il aide les croyants à comprendre la vérité et à vivre selon la volonté de Dieu. Dans Jean 16, 13, Jésus déclare : « Quand le Consolateur sera venu, il vous conduira dans toute la vérité ». Cela signifie que le Saint-Esprit éclaire l'esprit des chrétiens, les aidant à discerner et à appliquer les enseignements de la foi. Le Saint-Esprit confère une puissance divine qui permet aux disciples de mener à bien leur mission. Dans Actes 1, 8, Jésus promet que les disciples recevront une puissance lorsqu'ils seront remplis du Saint-Esprit. Cela se traduit par des miracles, des guérisons et des actes de courage face à l'opposition. Le Saint-Esprit permet aux croyants de vivre et de témoigner avec audace.

Le Saint-Esprit joue également un rôle clé dans le processus de sanctification, c'est-à-dire le cheminement vers une vie sainte et conforme à l'image de Christ. Il agit dans le cœur des croyants pour les convaincre du péché, les amenant à la repentance et les transformant progressivement. Galates 5, 22 - 23 décrit les fruits de l'Esprit, tels que l'amour, la joie, la paix, et la bonté, qui se manifestent dans la vie du croyant. Le Saint-Esprit est aussi un agent d'unité au sein de l'Église. Dans Éphésiens 4, 3, Paul exhorte les croyants à « conserver l'unité de l'Esprit par le lien de la paix ». L'Esprit unit des personnes de divers milieux et cultures, créant un corps unique en Christ, où chaque membre joue un rôle vital.

Le Saint-Esprit distribue divers dons aux croyants pour l'édification de l'Église. Ces dons, mentionnés dans 1 Corinthiens 12, incluent la sagesse, la connaissance, la foi, la guérison, et le discernement des esprits. Chacun a un rôle unique à jouer dans la mission de l'Église, et ces dons sont essentiels pour la croissance spirituelle et la vitalité de la communauté. Les croyants sont appelés à développer une relation personnelle avec le Saint-Esprit. Cela inclut la prière, l'écoute de sa voix, et la sensibilité à son action dans la vie quotidienne. Être rempli du Saint-Esprit implique une soumission à sa direction et une ouverture à son œuvre dans notre cœur et notre esprit.

Le Saint-Esprit joue un rôle crucial dans la mission de l'Église. Il prépare les cœurs, ouvre des portes et inspire les croyants à partager l'Évangile. Dans Actes 13, 2, le Saint-Esprit guide l'Église d'Antioche à envoyer Paul et Barnabas en mission. Cela montre que l'Esprit est activement engagé dans l'extension du royaume de Dieu. Le Saint-Esprit est un don précieux qui transforme la vie des croyants et l'Église dans son ensemble. En guidant, en sanctifiant et en unissant, il permet aux chrétiens de vivre leur foi pleinement et d'accomplir la mission de Christ. Ce chapitre nous rappelle que le Saint-Esprit est non seulement un soutien, mais aussi une présence active et puissante dans notre vie quotidienne. En cultivant notre relation avec l'Esprit, nous sommes équipés pour témoigner de l'amour de Dieu et pour participer à l'œuvre de rédemption dans le monde.

L'héritage de Jésus est riche et multiforme, touchant à des aspects spirituels, moraux et communautaires de la vie chrétienne. L'un des aspects les plus significatifs de l'héritage de Jésus est le don de la rédemption. Par sa vie, sa mort et sa résurrection, Jésus offre à l'humanité la possibilité d'être réconciliée avec Dieu. Cet héritage spirituel se manifeste dans le pardon des péchés et la promesse de la vie éternelle pour tous ceux qui croient en lui (Jean 3, 16).

L'enseignement de Jésus constitue une part essentielle de son héritage. Ses paroles et ses actions révèlent la nature du royaume de Dieu et les valeurs qui le sous-tendent. Les béatitudes (Matthieu 5, 3 - 12) illustrent la manière dont ses disciples sont appelés à vivre, en incarnant l'amour, la miséricorde et la justice dans leurs interactions quotidiennes. Jésus a incarné le modèle de serviteur. En lavant les pieds de ses disciples (Jean 13, 1 - 17), il a montré que la véritable grandeur se trouve dans l'humilité et le service. Cet héritage de servitude inspire les croyants à prendre soin des autres et à servir leur communauté, reflétant ainsi l'amour de Christ dans le monde.

L'héritage de Jésus inclut également la promesse du Saint-Esprit. À travers cette promesse, les croyants reçoivent un guide, un consolateur et une source de puissance pour mener à bien leur mission. Le Saint-Esprit assure la continuité de l'œuvre de Jésus dans la vie des disciples, les aidant à vivre selon ses enseignements. Jésus a donné à ses disciples un appel clair à partager l'Évangile et à faire des disciples dans toutes les nations (Matthieu 28, 19 - 20). Cet héritage missionnaire pousse les croyants à être des témoins actifs de leur foi, à proclamer la bonne nouvelle et à travailler pour la justice et la paix dans le monde.

L'héritage de Jésus crée une communauté de croyants unis par la foi. L'Église, en tant que corps du Christ, est appelée à vivre en communion, à se soutenir mutuellement, et à témoigner ensemble de l'amour de Dieu. Cette communauté est un lieu de croissance spirituelle, d'apprentissage et de partage. La prière est un élément central de l'héritage de Jésus. Il a enseigné à ses disciples à prier et a montré l'importance de la communication avec le Père. La prière est non seulement un moyen d'exprimer notre foi, mais aussi un canal par lequel nous recevons la force et la direction pour vivre selon la volonté de Dieu.

La vie de Jésus elle-même est un héritage précieux. Son exemple de compassion, d'intégrité et de courage inspire les croyants à vivre avec authentiquement. En suivant ses pas, les chrétiens sont appelés à aimer leurs ennemis, à rechercher la justice et à faire preuve de bonté dans toutes leurs actions. L'héritage de Jésus comprend aussi l'attente de son retour. Les croyants sont encouragés à vivre avec l'espérance que Jésus reviendra, établissant pleinement son royaume. Cette promesse nous pousse à mener une vie qui honore Dieu, à être prêts et à vivre dans la lumière de son retour. L'héritage de Jésus est une richesse inestimable qui façonne la vie des croyants à travers les âges. Il nous appelle à vivre une vie de foi authentique, à incarner l'amour et le service, et à proclamer l'Évangile avec audace.

Ce chapitre nous rappelle que, en tant que disciples de Jésus, nous avons la responsabilité de porter cet héritage dans notre vie quotidienne. En répondant à cet appel, nous contribuons à l'œuvre de Dieu dans le monde et à la construction de son royaume ici-bas. En vivant selon cet héritage, nous devenons des témoins vivants de l'amour et de la grâce de Jésus-Christ.

Le rôle de Jésus en tant que Sauveur de l'humanité est au cœur du message chrétien. Depuis la chute de l'homme, l'humanité se trouve dans un état de séparation d'avec Dieu, marquée par le péché et la souffrance. Cette réalité souligne le besoin d'un Sauveur capable de restaurer la relation entre Dieu et l'humanité. Jésus, en tant que Fils de Dieu, entre dans ce besoin avec un message d'espoir et de rédemption.

La vie de Jésus est un modèle de ce que signifie vivre pleinement en communion avec Dieu. Il incarne l'amour, la compassion et la vérité, établissant un standard pour l'humanité. Par ses enseignements et ses actions, il montre comment vivre selon la volonté divine et comment aimer notre prochain. La crucifixion de Jésus est le cœur de son œuvre salvatrice. En se sacrifiant pour nos péchés, il prend sur lui le poids de notre culpabilité. Dans Ésaïe 53, 5, il est prophétisé : « C'est par ses blessures que nous sommes guéris ». Cette mort douloureuse est le prix payé pour notre rédemption, offrant à tous ceux qui croient la possibilité d'une nouvelle vie en Christ. La résurrection de Jésus est la confirmation ultime de son identité en tant que Sauveur. En triomphant de la mort, il offre l'espérance de la vie éternelle à tous ceux qui croient en lui. La résurrection est le fondement de la foi chrétienne, affirmant que la mort n'a plus de pouvoir sur ceux qui sont en Christ (1 Corinthiens 15, 55 - 57).

Jésus est le Sauveur non seulement pour un peuple, mais pour toute l'humanité. Son message transcende les barrières culturelles, ethniques et sociales. Dans Matthieu 28, 19, il commande à ses disciples d'aller et de faire des disciples de toutes les nations. Cet appel à la mission témoigne de la portée universelle de l'Évangile. Jésus offre un message de grâce et de pardon. Peu importe notre passé, il nous accueille avec amour et nous offre une seconde chance. Dans Luc 19, 10, il déclare : « Car le Fils de l'homme est venu chercher et sauver ce qui était perdu ». Cette promesse de rédemption est un témoignage de l'immense amour de Dieu pour chaque individu.

Le Saint-Esprit joue un rôle essentiel dans l'application de l'œuvre de Christ dans nos vies. Il convainc le monde du péché, de justice et de jugement (Jean 16, 8). En travaillant dans nos cœurs, l'Esprit nous aide à répondre à l'appel de Jésus et à vivre en conformité avec sa volonté. En tant que chrétiens, nous sommes appelés à poursuivre l'œuvre de Christ. Nous avons la responsabilité d'être des ambassadeurs de son message de salut. Dans 2 Corinthiens 5, 20, Paul nous exhorte à être des « ambassadeurs pour Christ », appelant les autres à la réconciliation avec Dieu.

La promesse de Jésus en tant que Sauveur ne s'arrête pas à notre vie terrestre. Elle inclut l'espérance d'une rédemption finale, lorsque Dieu restaurera toute chose. Apocalypse 21, 4 nous promet qu'il n'y aura plus de larmes, ni de douleur, ni de mort. Cette espérance nous encourage à persévérer dans la foi, même face aux épreuves. Jésus, en tant que Sauveur de l'humanité, est le cœur de notre foi. Son œuvre de rédemption, sa vie exemplaire, et sa promesse de vie éternelle offrent à chacun une nouvelle chance et un espoir inébranlable.

Ce chapitre nous rappelle que nous avons un Sauveur qui nous aime profondément et qui désire une relation personnelle avec chacun de nous. En répondant à son appel et en partageant son message, nous devenons des instruments de sa grâce dans le monde, apportant l'espoir et la lumière à ceux qui en ont besoin.

À travers les récits de sa vie, de son ministère et de son héritage, nous avons découvert que Jésus-Christ est bien plus qu'une figure historique ; il est le Sauveur de l'humanité. Son message d'amour, de rédemption et de grâce transcende le temps et l'espace, offrant à chacun la possibilité d'une relation personnelle avec Dieu.

Jésus a incarné la compassion divine, guérissant les malades, réconfortant les affligés et proclamant la bonne nouvelle aux opprimés. Par sa mort sur la croix, il a porté le poids de nos péchés, ouvrant la voie à la réconciliation avec le Père. Sa résurrection, quant à elle, est la promesse de la victoire sur le péché et la mort, offrant l'espérance d'une vie éternelle à tous ceux qui croient.

En tant que croyants, nous sommes appelés à vivre cet héritage. Nous avons la responsabilité de partager le message de Jésus, d'incarner ses valeurs dans notre quotidien et de témoigner de sa bonté. L'appel à l'amour, à la miséricorde et à la justice reste pertinent aujourd'hui, alors que le monde a besoin de lumière et d'espoir.

Le chemin que Jésus a tracé nous invite à suivre ses pas, à être des agents de changement et des ambassadeurs de son royaume. En nous engageant dans cette mission, nous participons à l'œuvre de rédemption qu'il a initiée, apportant la bonne nouvelle à ceux qui en ont le plus besoin.

Alors que nous concluons ce voyage à travers la vie de Jésus, que nous soyons inspirés à approfondir notre relation avec lui, à embrasser son héritage et à porter le flambeau de son message d'amour au monde. Jésus, notre Sauveur, reste une source inépuisable d'espoir et de transformation pour l'humanité.

BIBLIOGRAPHIE

1. **Léonard, Philippe.** *Jésus, un homme de lumière.* Éditions du Cerf, 2008.

2. **Dumas, Jean.** *Jésus : l'homme et le mystère.* Éditions de l'Atelier, 2010.

3. **Wright, N.T.** *Jésus, la mission et la promesse.* Éditions Première Partie, 2008.

4. **Gagnon, Robert.** *La résurrection de Jésus : un événement historique.* Éditions de l'Emmanuel, 2014.

5. **Piper, John.** *Voir et savourer Jésus-Christ.* Éditions Farel, 2004.

6. **Schweitzer, Albert.** *La quête du Jésus historique.* Éditions Albin Michel, 1995.

7. **Bonhoeffer, Dietrich.** *Le coût de la grâce.* Éditions Nouvelle Cité, 2000.

8. **Horsley, Richard A.** *Jésus, un homme de notre temps.* Éditions Labor et Fides, 1997.

9. **Bultmann, Rudolf.** *Jésus Christ et la mythologie.* Éditions du Seuil, 1962.

10. **Meyer, William.** *La vie de Jésus Christ.* Éditions Saint-Paul, 1997.

11. **Moltmann, Jürgen.** *Le chemin de Jésus Christ : Christologie dans des dimensions messianiques.* Éditions du Cerf, 1990.

12. **Hurtado, Larry W.** *Le Christ Seigneur : La dévotion à Jésus dans le christianisme primitif.* Éditions de l'Atelier, 2004.

13. **Lerner, Judith.** *La vie de Jésus : entre histoire et foi.* Éditions du Cerf, 2015.

14. **Vermes, Geza.** *Jésus le juif : La vie de Jésus de Nazareth.* Éditions des Deux Terres, 1993.

15. **Reiser, François.** *Jésus, l'inattendu.* Éditions de l'Emmanuel, 2008.

Printed by Books on Demand GmbH, Norderstedt / Germany